ARBEITSBUCH

TEILBAND 1

A1

Pluspunkt Deutsch

von Friederike Jin und Joachim Schote

Cornelsen

Pluspunkt Deutsch A1

Neue Ausgabe
Deutsch als Zweitsprache
Arbeitsbuch
Teilband 1

Symbole

- Hörverstehensübung (Hörtext auf CD)
- Phonetikübung mit CD
- Binnendifferenzierung: Vertiefungsübung
- Binnendifferenzierung: Erweiterungsübung

Im Auftrag des Verlages erarbeitet von Friederike Jin und Joachim Schote

In Zusammenarbeit mit der Redaktion:
Maria Funk, Andrea Mackensen (verantwortliche Redakteurin),
Gunther Weimann (Projektleitung)

Redaktionelle Mitarbeit: Dieter Maenner
Bildredaktion: Katharina Hoppe-Brill

Illustrationen: Matthias Pflügner
Gesamtgestaltung und technische Umsetzung: SOFAROBOTNIK, Augsburg und München

www.cornelsen.de

1. Auflage, 1. Druck 2009

Alle Drucke dieser Auflage sind inhaltlich unverändert und können im Unterricht nebeneinander verwendet werden.

Druck: CS-Druck CornelsenStürtz, Berlin

ISBN 978-3-06-024274-0

Inhalt gedruckt auf säurefreiem Papier aus nachhaltiger Forstwirtschaft.

Inhalt

Willkommen! 1

1 **Wie heißen Sie? Ordnen Sie den Dialog.**

Ich heiße Oleg Gutman. Und Sie? – Guten Tag, mein Name ist Erik Wagner. Wie heißen Sie? – Ich bin Anna Mendes.

- ______________________
  ____
- ______________________
- ______________________

2 **Was passt zusammen? Verbinden Sie.**

Wie heißen Sie? 1 — A Ich bin Pavel Fraus.
Woher kommen Sie? 2 B Aus der Türkei.
C Ich komme aus Russland.
D Mein Name ist Jennifer Rodet.

3 **Ergänzen Sie.**

heiße – Name – komme – Woher

- Guten Tag. Mein ______________ ist José Garcías. Wie heißen Sie?
- Ich ______________ Magdalena Ziowska.
- ______________ kommen Sie?
- Ich ______________ aus Polen.

A Guten Tag

4 **Ordnen Sie den Dialog. Kontrollieren Sie dann mit der CD.** 2

Usta, Gülay Usta. Und Sie? – Entschuldigung, wie heißen Sie? – Guten Tag. Ich heiße Gülay Usta. Wir sind neu hier. – Mein Name ist Elena Brodsky.

- Guten Tag.
- ______________________
- ______________________
- ______________________

5a **Woher? Wie? Wer? Ergänzen Sie.**

__________ heißen Sie? __________ kommen Sie? __________ ist das?

5b Ordnen Sie die Fragen aus 5a zu.

1. ______________________? Das ist Sergej Brodsky.
2. ______________________? Ich heiße Elena Brodsky.
3. ______________________? Ich komme aus Deutschland.

6 Schreiben Sie Sätze.

1. mein|name|istgeorg *Mein Name* ______________________
2. woherkommensie ______________________
3. ichheißetamaraichkommeausderukraineichwohneschonlangehier

____

____

7 Schreiben Sie Fragen.

______________________? Mein Name ist Ahmet Usta.

______________________? Ich komme aus der Türkei.

______________________? Das ist Burcu.

8 Was sagen die Personen? Schreiben Sie zwei Dialoge.

~~Guten Tag, Frau Krüger.~~ – Gut. Und Ihnen? – Danke, es geht. – Guten Tag. Wie geht es Ihnen, Herr Bloch?	Danke, gut. – Hallo, Felix! Wie geht es dir? – Gut. Und dir?

1. *Guten Tag, Frau Krüger.*
   ____
   ____
   ____
   ____

2. ______________________
   ____
   ____

9 Was schreibt man groß? Schreiben Sie die Sätze neu.

1. guten tag, wie heißen sie? *Guten Tag,* ______________________
2. mein name ist dieter maenner. ich komme aus frankfurt.

____

3. auf wiedersehen, frau blaschke. bis morgen.

____

10 Hören Sie. Welches Bild passt? Verbinden Sie. 3

A

B

- Dialog 1
- Dialog 2
- Dialog 3
- Dialog 4

11 Wie geht es ...? Ergänzen Sie.

geht – Hallo – Danke

geht – Guten – Ihnen – Wiedersehen

1.
- ____________, Leon.
- Hallo, Judith! Wie ____________ es dir?
- ____________, gut. Und dir?
- Super!

2.
- ____________ Tag, Herr Hubner.
- Guten Tag, Frau Bock. Wie geht es ____________?
- Danke, es ____________. Und Ihnen?
- Gut, danke. Auf ________________.
- Auf Wiedersehen.

12 Ordnen Sie die Sätze zu.

Wer sind Sie? – Auf Wiedersehen! – Wie heißt du? – Guten Tag. – Wie heißen Sie? – Hallo. – Tschüss. – Guten Morgen.

A

B

C

____

____

____

13 Textkaraoke. Hören Sie und sprechen Sie die ☺-Rolle im Dialog. 4

- ☺ Guten Tag, wie heißen Sie?
- ? ...
- ☺ Wie geht es Ihnen, Herr Brodsky?
- ? ...
- ☺ Es geht, danke.

B Was machst du?

14 Was passt? Ergänzen Sie.

du – ihr – Sie – Sie

15a Verben. Markieren Sie die Endungen.

du lern**st** ich komme wir wohnen ihr macht Sie heißen

15b Noch mehr Verben. Ergänzen Sie.

	machen	wohnen	lernen	kommen	heißen
ich	*mache*				
du					*heißt*
wir				*kommen*	
ihr		*wohnt*			
Sie			*lernen*		

16 Kreuzen Sie an: Was ist richtig?

1. Wie ○ heiße ○ heißt du? – Ich ○ heiße ○ heißt Tim.
2. Was ○ macht ○ machen ihr? – Wir ○ lernt ○ lernen Deutsch.
3. Wo ○ wohnst ○ wohnen Sie? – Ich ○ wohne ○ wohnst in Berlin.

17 Ergänzen Sie die Verben.

1. Wie ____________ Sie? – Ich ____________ Florine Biermann.
2. Was ____________ ihr? – Wir ____________ Deutsch.
3. Was ____________ Sie? – Ich ____________ Hausaufgaben.
4. Wo ____________ Sie? – Ich ____________ in Jena.

18 Das Verb *sein*. Ergänzen Sie.

	sein		
ich	bin	wir	
du		ihr	
		Sie	

19 Wer ist das? Ergänzen Sie das Verb *sein*.

1. ◖ Wer ______ du?
   ◖ Ich ______ Marilyn!

2. ◖ Wer ______ ihr?
   ◖ Wir ______ Charlie und Elvis.

3. ◖ Und wer ______ Sie?
   ◖ Ich ______ Albert Einstein.

20 Schreiben Sie Sätze.

1. ◖ woher – ihr – kommt?
   Woher kommt ihr?
   ◖ aus dem Iran – wir – kommen.
   ____

2. ◖ Ihr Name – wie – ist?
   ____
   ◖ Joachim Weigelt – heiße – ich.
   ____

3. ◖ lernst – was – du?
   ____
   ◖ lerne – ich – Englisch.
   ____

4. ◖ Sie – wohnen – wo?
   ____
   ◖ in München – ich – wohne.
   ____

C Buchstaben

21 Das Alphabet. Ergänzen Sie die Buchstaben und lesen Sie laut.

A ___ C ___ E ___ G ___ I ___ K ___ M ___ O ___ Q ___ S ___ U ___ W ___ Y ___

22 Was hören Sie? Kreuzen Sie an. 5

○ VW ○ VHS ○ BMW ○ AOK Die Gesundheitskasse. ○ CD ○ DVD ○ C&A

23 Wie heißen die Leute? Woher kommen sie? Hören Sie und ergänzen Sie. 6

1. Name: Katherine Häringer
   Stadt: Dapaong
   Land: Togo

2. Name: Akira ________
   Stadt: ________
   Land: Japan

3. Name: ________ Smith
   Stadt: ________
   Land: Neuseeland

4. Name: Deborah ________
   Stadt: ________
   Land: Brasilien

D Zahlen bis 20

24 Zahlen in der Stadt. Schreiben Sie.

achtzehn, ________________________________

____

25 Postleitzahlen. Hören Sie und schreiben Sie. 7

1.
Herr
Sergej Brodsky
Naumannstr. 11
________ Berlin

2.
Familie
Park
Borngasse 8
________ Homberg

3.
Frau
Anna Fröhlich
Ludwigstr. 60
________ Chemnitz

4.
Herr
Gustav Müller
Südgraben 3
________ Iserlohn

E Was sind Sie von Beruf?

26 Wie heißen die Berufe? Schreiben Sie.

 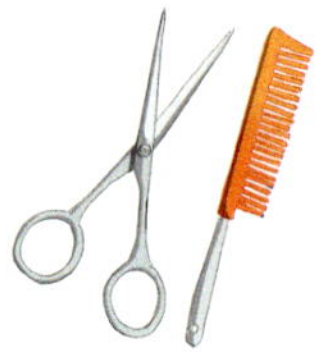  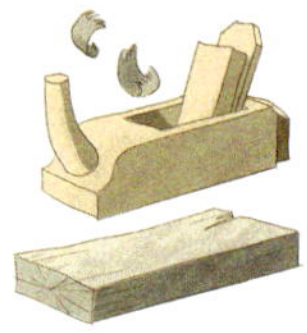  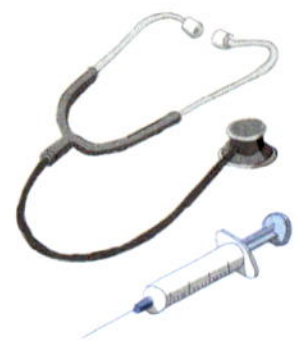

__________ __________ __________ __________ __________ __________

27 Berufe für Frauen und Männer. Ergänzen Sie.

1. Taxifahrerin __________
2. __________ Arzt
3. Verkäuferin __________
4. __________ Lehrer
5. Köchin __________
6. __________ Friseur

28 *Sie* oder *du*? Schreiben Sie Fragen.

1. Wie heißen Sie? | Wie heißt __________
   Mein Name ist Anna Plantova. | Ich heiße Raul.
2. __________ | __________
   Ich bin Verkäuferin. | Ich bin Programmierer.
3. __________ | __________
   Ich komme aus Russland. | Ich komme aus Portugal.

29a Herr Capotescu stellt sich vor. Ergänzen Sie die Sätze.

Ich __________ Cristian Capotescu. Ich __________ aus Rumänien und ich __________ neu in Deutschland. Ich __________ Koch von Beruf. Ich __________ Deutsch.

29b Und Sie? Ergänzen Sie.

Ich bin __________. Ich komme aus __________. Jetzt wohne ich in __________. Ich bin __________ von Beruf. Ich lerne __________.

30 Flüssig sprechen. Hören Sie zu und sprechen Sie nach. 8

1. wie geht es Ihnen? – Guten Tag, wie geht es Ihnen?
2. und Ihnen? – gut und Ihnen? – Danke, gut und Ihnen?
3. Auf Wiedersehen!
4. Auf Wiedersehen!

31a In der Sprachschule. Hören Sie den Dialog und kreuzen Sie an: Welches Foto passt? 9

1. ☐ 

2. ☐ 

31b Hören Sie noch einmal. Füllen Sie das Anmeldeformular aus. 9

Lingua
SPRACHSCHULE

Sprachschule Lingua | Bernburgerweg 12 | 70895 Stuttgart

NAME ______ VORNAME ______

Mittelweg 20
ADRESSE

PLZ ______ Stuttgart
ORT

0711 / 84 63 41
TELEFONNUMMER

E-MAIL* ______

LAND* ______ BERUF* ______

* Diese Angaben sind freiwillig.

Sprachkurs Deutsch als Fremdsprache B1

32 Wie geht's? Ordnen Sie zu.

Schlecht. – ~~Super.~~ – Gut. – Es geht. – Sehr gut.

Wie geht's?

Super.

______

______

______

______

Wichtige Wörter

heißen
Wie heißen Sie?
guten Tag
sein, ich bin
und
Mein Name ist ...
kommen
Woher kommen Sie?
aus

A
1a guten Morgen
neu
hier
Haus, das
Entschuldigung, ...
wohnen
schon
lange
2a wer
Wer ist das?
3a Frau, die
gehen
Wie geht es Ihnen?
danke
gut
es geht
hallo
Wie geht es dir?
auf Wiedersehen
Herr, der
bis bald
tschüss
4 bis morgen

B machen
was
1 lernen
Deutsch
Hausaufgabe, die
2a wo

C
3 Wie bitte?
schreiben
Wie schreibt man das?
Moment, ...
buchstabieren

D
4 wie viel

E
1 Arzt/Ärztin, der/die
Sekretärin, die
Verkäufer/in, der/die
Lehrer/in, der/die
2 Beruf, der
Friseur/in, der/die
Koch/Köchin, der/die
3 Hausfrau, die
Student/in, der/die
4 Firma, die
Telefon, das

Wörter lernen

33 Schreiben Sie Fragen und Antworten.

machen – lernen – heißen – wohnen – kommen – sein

heißen *Wie heißen Sie?*	*Ich heiße …*
sein *Was sind Sie von Beruf?*	*Ich bin Verkäufer.*

Lernen Sie neue Verben im Satz. Schreiben Sie die Verben und Sätze auf Kärtchen.

34 Sammeln Sie Sätze und Wörter zu den Themen *Name* und *Beruf*.

Name

Wie heißt du? / Wie heißen Sie?

buchstabieren

Mein Name ist …
Ich …
Ich …

Beruf

Sammeln Sie Wörter und Sätze zu einem Thema in Ihrem Vokabelheft.

35 Was können Sie fragen? Schreiben Sie.

Wie? *Wie heißen Sie? Wie geht es dir?* ______

______

Wer? ______

Was? ______

Woher? ______

Wo? ______

36 Wörter hören und nachsprechen. Hören Sie zu und sprechen Sie nach. 10

1. hören – schreiben – buchstabieren – lernen – machen
2. Deutsch – Lehrer – Lehrerin – Hausaufgaben
3. Sekretärin – Verkäufer – Verkäuferin – Arzt – Ärztin

Alte Heimat, neue Heimat

2

1 Wie heißen die Kontinente? Ordnen Sie die Buchstaben.

akrfAi *Afrika* ______ orEuap ______ krodiamerNa ______

rdaüeSmiak ______ Anies ______ nAulsetrai ______

2a Wo liegt ...? Finden Sie die Länder auf der Karte und ordnen Sie sie zu.

Peru – Österreich – Kanada – China – Kamerun

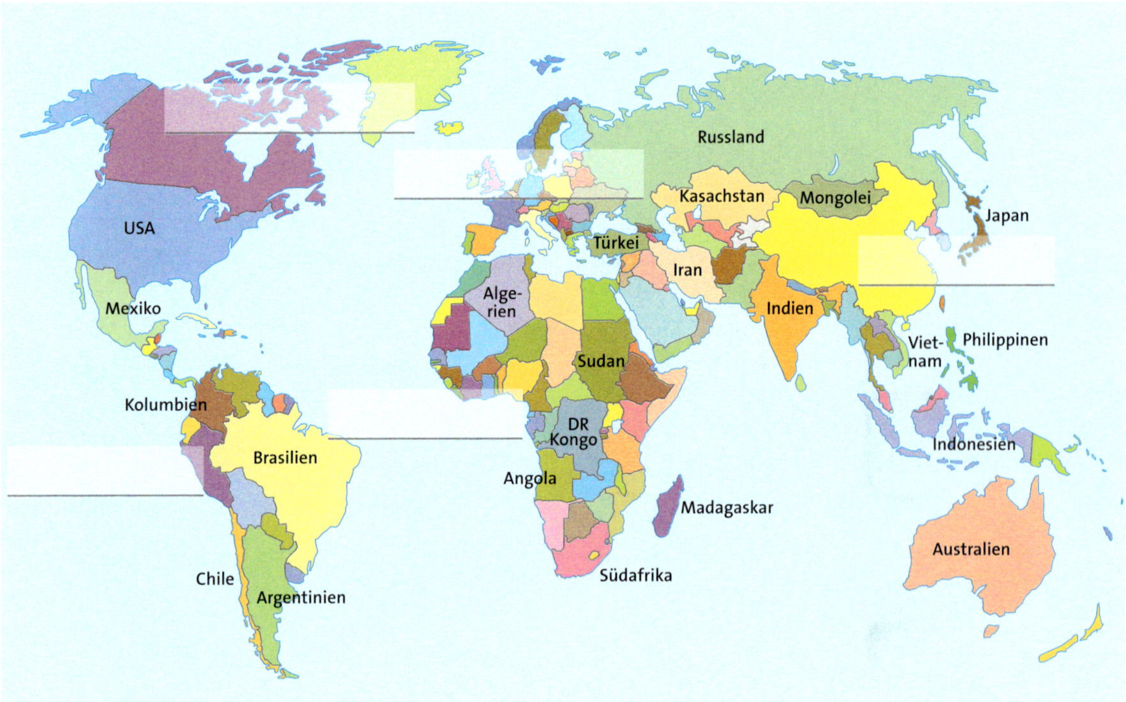

2b Schreiben Sie Sätze wie im Beispiel.

1. *Peru liegt in Südamerika.*
2. ______
3. ______
4. ______
5. ______

2c Und Sie? Woher kommen Sie? Wo liegt das? Schreiben Sie.

______

______

A Nationalität und Sprache

3 Ordnen Sie die Fragen und Antworten zu.

Woher kommt Frau Krajewska?	1 ○ — B	A	Er spricht Griechisch und Deutsch.
Wo wohnen Uwe und Petra?	2 ○	B	Sie kommt aus Polen.
Welche Sprachen spricht Yanes?	3 ○	C	Er kommt aus Griechenland.
Wie heißt du?	4 ○	D	Sie wohnen in München.
Woher kommt Herr Perackis?	5 ○	E	Ich heiße Nasieh.

4 Sportler in Deutschland. Ergänzen Sie *er*, *sie* oder *sie* (Pl.).

1. Das sind Vitali und Wladimir Klitschko.

______ kommen aus der Ukraine.

______ wohnen in Deutschland.

2. Das ist Munkhbayar Dorjsuren.

______ kommt aus der Mongolei.

______ ist Deutsche und ______ wohnt in Neubiberg.

3. Das ist Lukas Podolski.

______ ist Deutscher und ______ wohnt in Köln.

______ kommt aus Polen.

4. Das ist Oksana Chusovitina.

______ wohnt in Köln.

______ kommt aus Usbekistan.

5 Ergänzen Sie die Verbformen.

	kommen	sprechen	heißen	arbeiten	finden	sein (!)
ich	komme					bin
du			heißt		findest	
er/sie		spricht		arbeitet		
wir						
ihr			heißt			seid
sie (Pl.)						
Sie		sprechen				

6 Ergänzen Sie die Verben.

1. Sie kommen (*kommen*) aus Brasilien. Sie ____________ (*wohnen*) in Berlin. Vielleicht ____________ (*finden*) sie hier Arbeit.

2. Sie ________ (*sein*) Türkin, sie ____________ (*wohnen*) in Deutschland. Sie ____________ (*lernen*) hier Deutsch.

3. Er ____________ (*heißen*) Sergej. Seine Muttersprache ____________ (*sein*) Ukrainisch. Er ____________ (*sprechen*) auch Russisch und Deutsch.

7 Und Sie? Schreiben Sie.

1. Woher kommen Sie? ______________________________
2. Was ist Ihre Nationalität? ______________________________
3. Welche Sprachen sprechen Sie? ______________________________

B Unser Deutschkurs

8 Was brauchen Sie im Deutschkurs?
Finden Sie acht Wörter und schreiben Sie sie wie im Beispiel.

O	R	Ü	F	C	X	Ö	K	O	Q	Ä	S	A	R
P	A	P	I	E	R	R	T	E	H	U	N	T	A
P	D	F	E	L	K	T	A	F	E	L	N	E	W
Ö	I	H	G	I	V	K	S	Z	F	U	T	O	C
C	E	V	A	N	H	Y	C	Y	T	F	E	T	U
U	R	M	I	E	L	B	H	T	U	Y	T	N	B
O	G	E	R	A	S	U	E	F	D	A	S	O	P
K	U	G	E	L	S	C	H	R	E	I	B	E	R
O	M	I	U	D	F	H	Q	F	I	U	S	R	T
L	M	Ö	J	Ä	P	O	C	E	A	S	T	Z	U
P	I	K	H	G	O	Z	T	K	O	A	S	R	E

1. das / ein Papier
2. ______________________
3. ______________________
4. ______________________
5. ______________________
6. ______________________
7. ______________________
8. ______________________

9a Was ist das? Ordnen Sie die Wörter zu.

die Lampe – der Stuhl – die Tasche – das Buch – der Kugelschreiber – die Brille

1. ______________ 2. ______________ 3. ______________

4. ____________________ 5. ____________________ 6. ____________________

9b Wie viel kostet das? Schreiben Sie Sätze wie im Beispiel.

1. *Das ist ein Stuhl. Der Stuhl kostet 15 Euro.*
2. ____
3. ____
4. ____
5. ____
6. ____

10 Plural. Ordnen Sie die Wörter und ergänzen Sie den Singular.

Sprachen – Bücher – Fotos – Hefte – Sätze – ~~Lehrer~~ – Uhren – Kinder

– *der Lehrer, die Lehrer*	-er ____________________
-e ____________________	-s ____________________
-n ____________________	Umlaut + er ____________________
-en ____________________	Umlaut + -e ____________________

11a Was kennen Sie? Ordnen Sie zu.

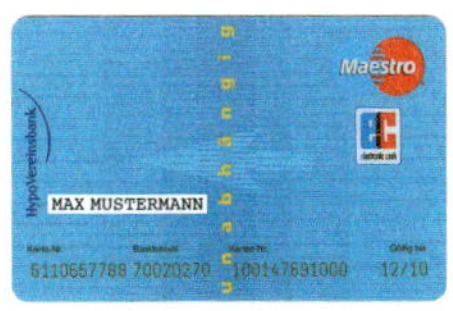

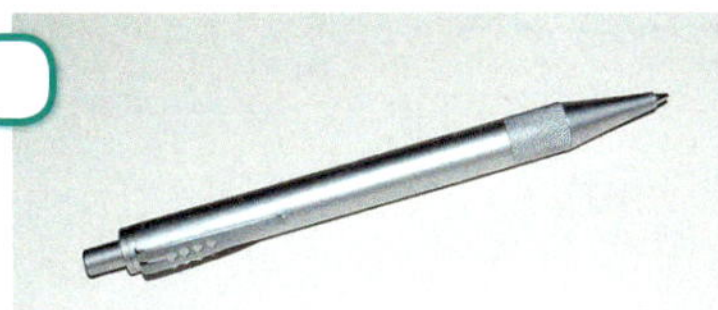

1. ____ Bild, ____________________	4. ____ Telefon, ____________________
2. ____ Stift, ____________________	5. ____ EC-Karte, ____________________
3. ____ Handy, ____________________	6. ____ Computer, ____________________

11b Suchen Sie die Wörter in der Wortliste (Kursbuch S. 101). Wie ist der Artikel und der Plural? Ergänzen Sie.

12 Ein Schreibtisch. Was gibt es da? Schreiben Sie.

Da sind drei ______________________________

____

____

____

C Zahlen, Zahlen, Zahlen

13 Hören Sie und kreuzen Sie an: Welche Telefonnummer ist richtig? 11

1. O **A** 089 / 45 67 37 1
   O **B** 098 / 54 67 371
2. O **A** 23 12 72 96
   O **B** 21 42 79 26
3. O **A** 0152 / 32 17 92
   O **B** 0152 / 23 71 29
4. O **A** 071 / 58 32 97 14
   O **B** 071 / 38 57 92 15

14 Wie viel ist …? Ergänzen Sie. Kontrollieren Sie dann mit der CD. 12

1. Wie viel ist vierzehn plus drei? 14 + 3 = 17
   Vierzehn plus drei ist ______________________________.
2. Wie viel ist fünfundzwanzig minus neun? 25 − 9 = 16
   Fünfundzwanzig minus neun ist ______________________________.
3. Wie viel ist einhundertvierundvierzig minus vierunddreißig? 144 − 34 = 110
   Einhundertvierundvierzig minus vierunddreißig ist ______________________________.
4. Wie viel ist achtundsiebzig plus achtzehn? 78 + 18 = 96
   Achtundsiebzig plus achtzehn ist ______________________________.

15a Ergänzen Sie die Buchstaben und ordnen Sie die Zahlen zu.

5 o	o zw_ _undzw_ _ _z_g
58 o	o fü_ _
22 o	o se_ _s_ndsiebz_ _
76 o	o _chtu_ _fü_ _zig
15 o	o f_ _fz_ _n
30 o	o dr_ _undac_ _zig
12 o	o dr_ _ _ig
83 o	o z_ _lf

15b Hören Sie die Zahlen und sprechen Sie nach. 13

16 Telefon-Vorwahlen. Hören Sie und ergänzen Sie die Vorwahlen. 14

1. 

Essen: ____________

2. 

Wien: ____________

3. 

Mainz: ____________

4. 

Dresden: ____________

Deutschland	+49
Österreich	+43
Schweiz	+41

meine Vorwahl:

17 Suchen Sie im Telefonbuch oder im Internet die Telefonnummern.

Polizei	
Feuerwehr/Notruf	

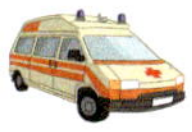

18 Wie viel kostet …? Hören Sie und schreiben Sie die Preise. 15

€

€

€

€

€

D Wie ist Ihre Adresse?

19 Kreuzen Sie an: Welche Antwort passt?

1. Wie heißen Sie?
   - ○ A Sie heißt Rosita.
   - ○ B Ich heiße Rosita.
   - ○ C Rosita ist Italienerin.

2. Wie ist deine Adresse?
   - ○ A Schillerweg 15, 04288 Leipzig.
   - ○ B In Leipzig.
   - ○ C 97 96 95 in Leipzig.

3. Was ist Tim von Beruf?
   - ○ A Ich bin Taxifahrer.
   - ○ B Du bist Taxifahrer.
   - ○ C Er ist Taxifahrer.

4. Woher kommen Sie?
   - ○ A Er kommt aus Rom.
   - ○ B Ich komme aus Rom.
   - ○ C Rom liegt in Italien.

5. Wie alt bist du?
   - ○ A Sie ist 24.
   - ○ B Du bist 24.
   - ○ C Ich bin 24.

6. Wo wohnen Sie?
   - ○ A Ich wohne schon lange hier.
   - ○ B Er wohnt in Berlin.
   - ○ C Ich wohne in Berlin.

20 Verbinden Sie die Sätze und schreiben Sie einen Text.

Das ist	1	A	069 / 44 17 70.
Er ist Programmierer	2	B	in Frankfurt, Vereinsstraße 12.
Er wohnt	3	C	Jahre alt.
Die Telefonnummer ist	4	D	Klaus Umstadt.
Er ist 43	5	E	von Beruf.

Das ist Klaus Umstadt. Er ist

21 Schreiben Sie einen Text wie in Aufgabe 20.

Das ist Veronika

22 Und Sie? Schreiben Sie über sich.

Ich heiße

23 Flüssig sprechen. Hören Sie zu und sprechen Sie nach. 16

1. in Frankfurt. – neu in Frankfurt. – Rosa ist neu in Frankfurt.
2. in Deutschland. – ein Jahr in Deutschland. – Sie bleibt ein Jahr in Deutschland.
3. ein bisschen Deutsch. – Spanisch und ein bisschen Deutsch. – Sie spricht Spanisch und ein bisschen Deutsch.

24 Adresse und Telefon. Schreiben Sie Antworten.

Gebhard Rehm
RECHTSANWALT
Kerstenweg 2 • 22089 Hamburg
Tel.: 040 22 61 45 36 • Fax: 040 22 61 45 37
E-Mail: rehm@rechtsanwalt.de

Dr. Ulrike Brabant
AUGENÄRZTIN
Niederwaldstr. 3
09123 Chemnitz
Telefon 0371 41 88 75

Schillerstraße 54
70583 Stuttgart
Yetim, Süleyman 0711 65 45 25
Schatzweg 11
70597 Stuttgart
Yetten, Herrmann 0711 835 55 92
Domagkstraße 17
70444 Stuttgart

1. Wie ist die Telefonnummer von Herrn Rehm? Und die Adresse?

____

2. Wie ist die Adresse von Süleyman Yetim? Und wie ist die Telefonnummer?

____

3. Wo ist die Praxis von der Augenärztin? Wie ist die Telefonnummer?

____

25a Wie arbeitet man mit einem Wörterbuch? Ordnen Sie die Wörter nach dem deutschen Alphabet.

Aa	Bb	Cc	Dd	Ee	Ff	Gg	Hh	Ii
Jj	Kk	Ll	Mm	Nn	Oo	Pp	Qq	Rr
Ss	Tt	Uu	Vv	Ww	Xx	Yy	Zz	

Tür – Mann – Kleid – ~~Café~~ – Fenster – Schule – Formular – Pass

1. *Café*
2. ______
3. ______
4. ______
5. ______
6. ______
7. ______
8. ______

25b Wo findet man im Wörterbuch den Artikel und den Plural? Markieren Sie und ergänzen Sie den Artikel und den Plural.

Tür *f* **-, -en** door; (*Garten~*) gate. **in der ~** in the doorway; **~ an ~ mit jdm wohnen** to live next door to sb; **an die ~ gehen** to answer the door, to go/come to the door; **Weihnachten steht vor der ~** Christmas is just (a)round the corner; **jdn vor die ~ setzen** (*inf*) to throw *or* kick (*inf*) sb out; **jdm die ~ weisen** to show sb the door; **jdm die ~ vor der Nase zumachen** to shut the door in sb's face; **ein jeder kehre vor seiner ~** (*prov*) everyone should set his own house in order; **die Leute haben ihm fast die ~ eingerannt** (*nach Anzeige etc*) he was snowed under with replies; **mit der ~ ins Haus fallen** (*inf*) to blurt it/things out; **die ~ für etw offenhalten** *or* **nicht zuschlagen** (*fig*)

Mann [man, 'mɛnər] ⟨-(e)s, ⸚er⟩ *m* homme; *(Ehemann)* mari, *fam* légitime; *(Soldat od Arbeiter, mit Zahlwort)* homme *m; hist* ⟨-(e)s, -en⟩ *m (Dienstmann, Lehnsmann)* féal, homme-lige *m;* ► *bis auf den letzten*

Fens·ter *das; -s, -* **1.** das Glas (mit e-m Rahmen aus Holz, Metall od. Kunststoff), das in e-m Haus od. Fahrzeug e-e Öffnung schließt, durch die das Licht hineinkommt ⟨aus dem F. sehen, zum F. hinausschauen; das F. steht offen / auf, ist geschlossen / zu; das F. klemmt; das F. öffnen, schließen⟩: *Er kurbelte das F. herunter u. fragte e-n Passanten nach dem Weg* || K-: ***Fenster-, -glas, -griff, -öffnung, -rahmen, -scheibe, -sims*** || -K: ***Auto-, Dach-, Keller-, Kirchen-, Küchen-, Wohnzimmer-***

1. *die* Tür, *Türen*
2. ____ Mann, ______
3. ____ Fenster, ______

25c Suchen Sie im Wörterbuch die Wörter und ergänzen Sie den bestimmten Artikel und den Plural.

1. ____ Café, ______
2. ____ Kind, ______
3. ____ Schule, ______
4. ____ Formular, ______
5. ____ Pass, ______

Wichtige Wörter

Heimat, die	
wo	
liegen	
in	
A Nationalität, die, -en	
Sprache, die, -n	
1b sprechen, er spricht	
aber	
jetzt	
ein bisschen	
bleiben	
Jahr, das, -e	
arbeiten	
Muttersprache, die, -en	
vielleicht	
finden	
Arbeit, die, -en	
richtig	
falsch	
1c Land, das, "-er	
B Deutschkurs, der, -e	
1a Papier, das, -e	
Brille, die, -n	
Buch, das, "-er	
Heft, das, -e	
Stuhl, der, "-e	
Kugelschreiber, der, -	
Lampe, die, -n	
Tasche, die, -n	
Tisch, der, -e	
Tafel, die, -n	
2a kosten	
Euro (€), der	
3a Bleistift, der, -e	
3b Computer, der, -	
Kind, das, -er	
Auto, das, -s	
Uhr, die, -en	
D Adresse, die, -n	
1 Straße, die, -n	
Telefonnummer, die, -n	
Postleitzahl, die, -en	
Hausnummer, die, -n	
2a Kita, die, -s	
alt	
suchen	
Platz, der, "-e	
frei	
schicken	
auf Wiederhören	

Wörter lernen

26 Im Kursraum. Was ist das? Schreiben Sie.

der Stuhl ______ ______ ______ ______

______ ______ ______ ______ ______

27 *Der, das* oder *die*? Unterstreichen Sie die Nomen blau (*der*), grün (*das*) oder rot (*die*) und ergänzen Sie die Artikel wie im Beispiel.

die/eine	Arbeit	______	Adresse
______	Beruf	______	Kurs
______	Land	______	Jahr
______	Sprache	______	Kind

i Markieren Sie die Artikel in der Wortliste auf Seite 22 und in Ihrem Vokabelheft:
der = blau
das = grün
die = rot

28 Was passt zusammen? Ergänzen Sie.

Nationalität – ~~Stuhl~~ – Telefonnummer – Radiergummi

1. der Tisch und der *Stuhl*
2. der Bleistift und der ______
3. das Land und die ______
4. die Adresse und die ______

i Lernen Sie neue Wörter in Paaren und schreiben Sie die Paare auf Kärtchen.

29 Wörter hören und nachsprechen. Hören Sie zu und sprechen Sie nach. 17

1. die Heimat – die Nationalität – die Muttersprache – die Adresse
2. der Deutschkurs – das Papier – der Kugelschreiber – der Computer
3. arbeiten – bleiben – sprechen – suchen – finden

3 Meine Wohnung

1a Wie heißen die Möbel? Schreiben Sie die Wörter mit Artikel.

der ______ ______ ______

das ______ ______ ______

die ______ ______ ______

1b Was kosten die Möbel? Ergänzen Sie.

1. Zwei ______ kosten 1160 Euro. *(Schrank)*
2. Drei ______ kosten 90 Euro. *(Lampe)*
3. Zwei ______ kosten 558 Euro. *(Sofa)*
4. Drei ______ kosten 198 Euro. *(Regal)*
5. Zwei ______ kosten 300 Euro. *(Bild)*

2 Wie sind die Möbel? Ergänzen Sie *er*, *es*, *sie* oder *sie* (Pl.).

1. Wie ist der Schrank? ______ ist groß.
2. Wie ist die Kommode? ______ ist schön.
3. Wie ist das Sofa? ______ ist modern.
4. Wie sind die Bilder? ______ sind hässlich.

3 Personalpronomen. Ergänzen Sie.

der → *er* das → ______ die → ______ die (Pl.) → ______

A Das ist kein Sofa

4 Ergänzen Sie *ein/eine* oder *kein/keine*.

1. ◖ Hier fehlt noch ______ Sofa. ◖ Nein, hier fehlt ______ Sofa. Hier fehlt ______ Sessel.
2. ◖ Ist hier ______ Fernseher? ◖ Nein, hier ist ______ Fernseher, aber hier ist ______ Radio.
3. ◖ Da kommt ______ Frau. ◖ Das ist doch ______ Frau! Das ist ______ Mann!

5 Zwei Büros. Schreiben Sie Sätze mit *kein/keine*.

1 

2 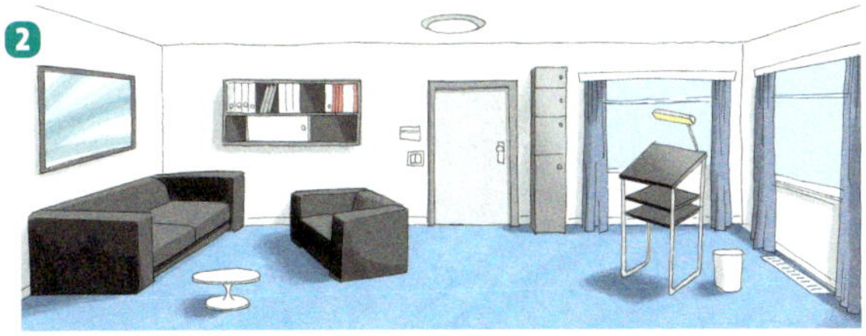

Das ist mein Büro. Da ist ein Tisch und ein Computer. Da ist eine Lampe und ein Telefon. Da sind Papier und Stifte.

Das ist Lauras Büro. Da ist kein ______________________

____

____

____

______________. Arbeitet sie hier wirklich?

6 Was ist das? Ergänzen Sie.

1. ◖ Ist das ein Schrank? *(der Kühlschrank)*
   ◖ Nein, das ist kein Schrank. Das ist ______________________

2. ◖ Ist das eine Lampe? *(der Sessel)*
   ◖ Nein, ______________________

3. ◖ Ist das ein Bild? *(das Foto)*
   ◖ Nein, ______________________

4. ◖ Ist das ein Herd? *(die Spüle)*
   ◖ Nein, ______________________

5. ◖ Sind das Stühle? *(der Sessel)*
   ◖ ______________________

7 Schreiben Sie Fragen und Antworten wie im Beispiel.

1. Afrika: Land/Kontinent
   Ist Afrika ein Land? – Nein, Afrika ist kein Land, Afrika ist ein Kontinent.
2. Polen: Kontinent/Land
   ______
3. Berlin: Land/Stadt
   ______
4. Y: Zahl/Buchstabe
   ______

B Was brauchen wir?

8a Unterstreichen Sie die Nomen und Artikel.

1. Sie hat ein Sofa. Sie braucht kein Sofa.
2. Sie hat keinen Tisch. Sie braucht einen Tisch.
3. Sie hat keine Stühle. Sie braucht Stühle.
4. Braucht sie eine Lampe? – Nein, sie hat eine Lampe.

8b Akkusativ. Ergänzen Sie die Artikel aus 8a.

Sie braucht *einen* / ______ Tisch
______ / ______ Sofa
______ / *keine* Lampe
– / ______ Stühle

9a Bei Familie Schmidt. Hören Sie das Gespräch. Kreuzen Sie an: Was hat Familie Schmidt? 18

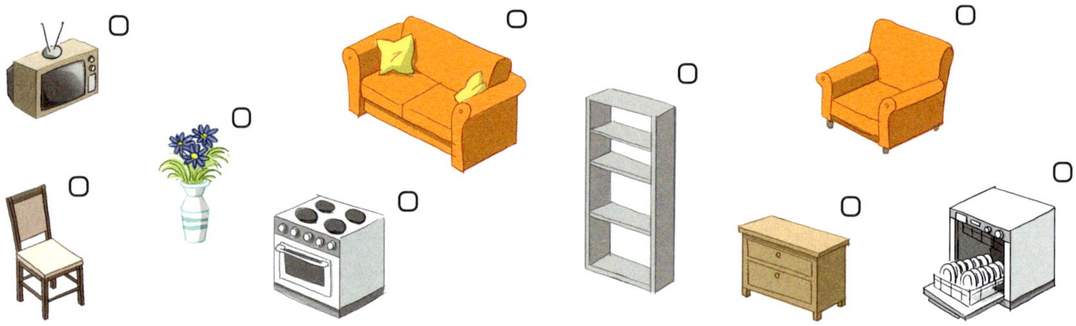

9b Was hat Familie Schmidt nicht? Was braucht sie noch? Schreiben Sie Sätze mit *ein* und *kein*.

Familie Schmidt hat kein	*Sie braucht ein*
______	______
______	______
______	______

10 Das Verb *haben*. Ergänzen Sie.

	haben		
ich		wir	
du		ihr	
er/es/sie		sie/Sie	

11 Wer hat ein Auto? Ergänzen Sie das Verb *haben*.

1. ◖ ______________ Mary ein Auto? ◖ Ja, sie ______________ einen VW.
2. ◖ ______________ du ein Auto? ◖ Nein, ich ______________ ein Motorrad.
3. Ulf ______________ auch kein Auto. Hannes und Veronika ______________ ein Auto.

12 Schreiben Sie fünf Sätze.

Maria	brauchen	einen/keinen Kühlschrank
ich	kaufen	eine/keine Kommode
du	haben	ein/kein Sofa
Luciano		–/keine Blumen

1. Maria hat kein Sofa.

____

____

____

____

13 Ergänzen Sie den unbestimmten Artikel. Achtung: Manchmal gibt es keinen Artikel.

◖ Guten Tag, ich suche _____ Heft.

◖ Guten Tag, _____ Hefte findest du dort.

◖ Danke. Und haben Sie auch _____ Kugelschreiber?

◖ Ja, _____ Kugelschreiber liegen hier. Wie viele brauchst du?

◖ Ich brauche _____ Kugelschreiber. Und noch _____ Radiergummi.

14 Welche Möbel haben Sie? Welche Möbel brauchen Sie? Schreiben Sie vier Sätze.

Ich habe einen

____

____

____

C Farben und Adjektive

15 Farben. Finden Sie zehn Farben und schreiben Sie sie.

O	F	N	B	R	A	U	N
R	S	C	H	W	A	R	Z
A	B	L	A	U	G	R	R
W	E	I	S	S	R	O	T
G	E	L	B	L	Ü	S	P
G	R	A	U	P	N	A	U

1. ______ 6. ______
2. ______ 7. ______
3. ______ 8. ______
4. ______ 9. ______
5. ______ 10. ______

16 Wie finden Sie das? Ordnen Sie zu.

~~sehr schön~~ – nicht schön – okay – super – ganz schön – langweilig – hässlich – toll – nicht schlecht – furchtbar – schön

☺ *sehr schön* ______ ______ ______
😐 ______ ______ ______
☹ ______ ______ ______ ______

17 *Den, das* oder *die*? Ergänzen Sie den Artikel im Akkusativ.

1. Wie findest du ______ Buch? Langweilig. Hm, ich finde ______ Buch sehr schön.
2. Suchst du ______ Handy? Nein, ich habe ______ Handy. Ich suche ______ Brille.
3. Machst du ______ Hausaufgabe? Ja, aber ich brauche ______ Wörterbuch.
4. Brauchst du ______ Radiergummi noch? Nein, ich brauche ______ Bleistift.
5. Hast du ______ Kugelschreiber? Ja, aber ich finde ______ Heft nicht.
6. Kaufst du ______ Lampe? Findest du ______ Lampe schön? Sie ist doch hässlich.

18 Akkusativ. Ergänzen Sie den bestimmten Artikel *den, die* oder *das*.

Ich brauche ______ / einen / keinen Bleistift.
______ / ein / kein Heft.
______ / eine / keine Brille.
______ / – / keine Bücher.

19 Nominativ oder Akkusativ? Ergänzen Sie den bestimmten Artikel.

1. *Der* Lehrer schreibt ______ Satz.
2. ______ Lehrer braucht ______ Buch.
3. ______ Lehrer sagt ______ Wort richtig.
4. ______ Student lernt ______ Wörter.
5. ______ Studenten hören ______ Text.
6. ______ Studentin macht ______ Hausaufgabe.

20a Hören Sie. In welcher Reihenfolge sprechen Markus und Irina über die Möbel? 19

◯	das Bild	◯	das Sofa
◯	die Kommode	1	der Tisch
◯	die Sessel	◯	die Regale

20b Hören Sie noch einmal. Welche Möbel findet Irina schön? Unterstreichen Sie in 20a. 19

20c Wie finden Sie die Möbel? Schreiben Sie vier Sätze.

1. Ich finde den Tisch ______
2. ______
3. ______
4. ______

D Hier wohnt ...

21 Ein Haus. Was passt? Ordnen Sie zu.

im ersten Stock – im Dachgeschoss – rechts – im Erdgeschoss – links

______
______
______
______
______

22a In welchem Stock? Was passt zusammen? Verbinden Sie.

EG	1	A	im zweiten Stock
1. Stock	2	B	im dritten Stock
2. Stock	3	C	im Dachgeschoss
3. Stock	4	D	im ersten Stock
DG	5	E	im Erdgeschoss

22b Wer wohnt wo? Schreiben Sie die Antworten.

1. Wer wohnt unten links? ______
2. Wer wohnt im 2. Stock rechts? ______
3. Wer wohnt im Erdgeschoss rechts? ______
4. Wo wohnen Anke und Jan Jansen? ______
5. Wo wohnt Familie Zafón? ______

E So wohnen wir

23a Hören Sie den Text. Kreuzen Sie an: Welches Foto passt? 20

23b Hören Sie noch einmal. Kreuzen Sie an: richtig oder falsch? 20

	R	F
1. Herr und Frau Müller wohnen in der Südstraße 17 in Hannover.	☐	☐
2. Das Haus hat drei Wohnungen.	☐	☐
3. Herr und Frau Müller haben keinen Balkon.	☐	☐

24 Stellen Sie Fragen an Familie Müller. Hier sind die Antworten.

1. Wie groß ____________________? Wir haben eine 3-Zimmerwohnung.
2. ____________________? Die Adresse ist Südstraße 17, Hannover.
3. ____________________? Ja, wir wohnen im Erdgeschoss.
4. ____________________? Nein, wir haben keinen Balkon.

25 Ergänzen Sie die Wörter.

Miete – Nebenkosten – 4-Zimmerwohnung – Einfamilienhaus

Wir haben eine ____________________.

Wir bezahlen 760 Euro ____________________ und

120 Euro ____________________. Wir haben vier Kinder und die

Wohnung ist sehr klein. Wir suchen ein ____________________.

26 Wohnungsanzeigen. Was bedeuten die Abkürzungen? Schreiben Sie.

EFH, Gartenstadt, 120 qm,
5 Zi., EBK, Bad, ZH,
Miete 680 € + 250 € NK

____________________ ____________________
____________________ ____________________
____________________ ____________________

27 Flüssig sprechen. Hören Sie zu und sprechen Sie nach. 21

1. rechts. – im zweiten Stock rechts. – Familie Kuhn wohnt im zweiten Stock rechts.
2. ruhig. – hell und ruhig. – Die Wohnung ist hell und ruhig.
3. ein Bad. – eine Küche und ein Bad. – Sie haben vier Zimmer, eine Küche und ein Bad.
4. 35 qm. – sehr groß, 35 qm. – Das Wohnzimmer ist sehr groß, 35 qm.

28 Ein Haus oder eine Wohnung suchen. Lesen Sie die Texte.
Kreuzen Sie an: Welche Anzeige passt?

1. Herr und Frau Reder aus Graz haben drei Kinder. Sie brauchen viel Platz: drei Kinderzimmer, ein Schlafzimmer, ein Wohnzimmer, eine Küche und ein Bad.

A ○ **5-Zi-Whg.,** Nähe von Graz, 97 qm, Bad, BLK, EBK, 900 € + NK

B ○ **EFH in Graz,** 115 qm, Kü, 3 Zi., Bad, 840 €, NK 120 €

2. Herr und Frau Rossi haben ein Einfamilienhaus in Baunatal in der Nähe von Kassel. Jetzt suchen sie eine Wohnung in Kassel. Drei Zimmer sind genug.

A ○ **EFH in Kassel,** 4 Zimmer, EBK, Bad, Terrasse, Garten, Miete 1100 € inkl. NK

B ○ **Kassel,** 3 Zi., Kü, Bad, sonnig, Miete 720 € + NK 90 €

29a Möbel kaufen. Sehen Sie sich das Foto an. Was macht Familie Weber? Was denken Sie? Schreiben Sie zwei Sätze.

1. ______________________________
____
____

2. ______________________________
____
____

29b Hören Sie den Dialog. Kreuzen Sie an: Wer braucht neue Möbel? 22

○ Familie Weber
○ Jan
○ Frau und Herr Weber

29c Hören Sie den Dialog noch einmal. Kreuzen Sie an: richtig oder falsch? 22

	R	F
1. Jan kauft keine Lampe.	○	○
2. Das Bett kostet 350 Euro.	○	○
3. Frau Weber findet den Schrank schön.	○	○
4. Jan braucht keinen Schreibtisch.	○	○

Wichtige Wörter

Wohnung, die, -en ______
Spüle, die, -n ______
Bett, das, -en ______
Schrank, der, "-e ______
Sofa, das, -s ______
Kühlschrank, der, "-e ______
Sessel, der, - ______
Regal, das, -e ______
Herd, der, -e ______
Bild, das, -er ______
Fernseher, der, - ______
Teppich, der, -e ______
Möbel, die, Pl. ______
Wohnzimmer, das, - ______
Küche, die, -n ______
Schlafzimmer, das, - ______
Bad, das, "-er ______
modern ______
schön ______
hässlich ______
groß ______
klein ______
da ______

A
1a kein, keine ______
1b Blume, die, -n ______
fehlen ______

B brauchen ______
1b haben ______
2 Schreibtisch, der, -e ______
Waschmaschine, die, -n ______
Handy, das, -s ______

C Farbe, die, -n ______
1 Wand, die, "-e ______
blau ______
grün ______
rosa ______
weiß ______
schwarz ______
lila ______
gelb ______
braun ______
rot ______
grau ______
3 finden ______
Zimmer, das, - ______
sehr ______
toll ______
ganz schön ______
nicht schlecht ______
langweilig ______

D
1 Stock, der, Pl.: Stockwerke ______
im ersten / zweiten / dritten Stock ______
links ______
rechts ______
Erdgeschoss, das, -e ______
Dachgeschoss, das, -e ______
Geschäft, das, -e ______

oben	
E unten	
1a Familie, die, -n	
qm = Quadratmeter, der, -	
Balkon, der, -s/e	
bezahlen	
Garten, der, ¨-	
genug	
Freund, der, -e	
Freundin, die, -nen	
viele Freunde	
2 Miete, die, -n	
3 Zentralheizung, die, -en	
Nebenkosten, die, Pl.	
4a ruhig	
warm	
hell	
kalt	
dunkel	
laut	
4b billig	

30 Wohin gehören die Möbel? Ordnen Sie zu. Es gibt mehrere Möglichkeiten.

> **i** Schreiben Sie Möbel-Wörter auf gelbe Zettel (post-it). Kleben Sie die Zettel auf die Möbel zu Hause.

Küche: ______________________

Schlafzimmer: ______________________

Wohnzimmer: ______________________

31 Wie heißt das Gegenteil? Schreiben Sie die Adjektive auf Kärtchen und ergänzen Sie die Gegenteile.

alt – klein – schön – toll – ruhig – warm – hell – billig

> **i** Lernen Sie Adjektive in Paaren.

alt	modern/neu

32 Wörter hören und nachsprechen. Hören Sie zu und sprechen Sie nach. 23

1. schön – modern – langweilig – nicht schlecht
2. im Erdgeschoss – im ersten Stock – im Dachgeschoss
3. der Balkon – die Nebenkosten – die Miete – zehn Quadratmeter

Meine Familie

4

1 Was sagen Laura und Tobias Kuhn? Ergänzen Sie. Kontrollieren Sie dann mit der CD. 24

1: Thomas
2: Tobias
3: Stephanie
4: Robert
5: Laura
6: Klara
7: Wilhelm

1.

Thomas ist mein Vater *und Stephanie ist meine ________. Ich habe zwei ________, sie heißen Robert und Tobias. Klara ist meine ________ und Wilhelm ist mein ________. Sie haben immer viel Zeit, das finde ich toll!*

2.

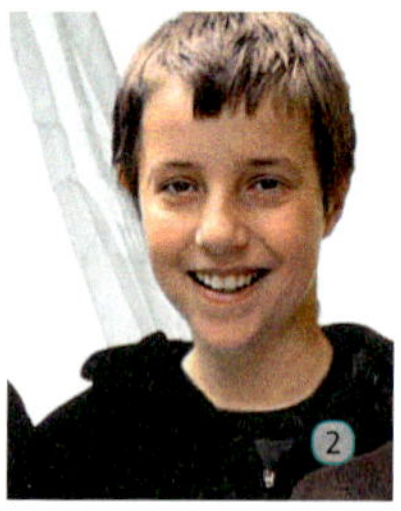

Laura ist meine ________. Ich habe auch noch einen ________. Er heißt Robert. Stephanie und Thomas sind meine ________. Und Klara und Wilhelm sind meine ________.

2 Was passt zusammen? Ergänzen Sie.

1. Großmutter + ________ = Großeltern
2. ________ + Vater = ________
3. Schwester + ________ = ________
4. Tante + ________
5. ________ + Cousin

3 Zwei Familien. Schreiben Sie den Text im Plural.

Meine Familie ist klein. Ich habe eine Schwester und einen Bruder. Ich habe einen Cousin und eine Cousine. Ich habe auch eine Tante und einen Onkel.

Meine Familie ist groß. Ich habe drei ________

____

____

A Die Familie Hoffmann

4a Familienfotos. Hören Sie die Dialoge und ordnen Sie die Fotos zu. 25

Dialog ______ Dialog ______

4b Hören Sie die Dialoge noch einmal. Wer ist wer? Ergänzen Sie. 25

1. ______ Peter ______ Charlotte ______ Hanna ______ Florian

2. ______ Martin ______ Caroline ______ Bianca ______ Marc

5 Ergänzen Sie die Tabelle.

ich		Vater		Kind		Mutter		Großeltern
du	*dein*	Vater		Kind		Mutter		Großeltern
er/es	*sein*	Vater	*sein*	Kind		Mutter		Großeltern
sie		Vater		Kind		Mutter	*ihre*	Großeltern
Sie		Vater		Kind		Mutter	*Ihre*	Großeltern

6 Ergänzen Sie das Personalpronomen.

1. *ich* : Das ist meine Familie.
2. ______ : Das ist ihr Bruder.
3. ______ : Das ist seine Familie.
4. ______ : Das sind deine Kinder.

7 Ein Formular ausfüllen. Ergänzen Sie *mein* | *meine* oder *Ihr* | *Ihre*.

1. Wie ist ______ Name?
   ______ Nachname ist da Costa und ______ Vorname ist Marines.
2. Und wie ist ______ Adresse?
   ______ Adresse ist Naumannstr. 11, 10829 Berlin.

Name: *da Costa*
Vorname: *Marines*
Wohnort: *Berlin* PLZ: *10829*
Straße, Hausnummer: *Naumannstr. 11*

8 *Sein* oder *ihr*? Ergänzen Sie.

1. Das ist Robin.

_________ Schwester heißt Paula.

Das ist _________ Computer.

Hier liegt _________ Heft.

_________ Auto ist kaputt.

2. Das ist Paula.

_________ Bruder heißt Paul.

Das ist _________ Handy.

Hier liegt _________ Buch.

_________ Brille ist kaputt.

9 Schreiben Sie zu den Antworten je zwei Fragen: formell und informell.

1. ◖ *Wo wohnen Ihre Eltern?* ◖ *Wo wohnen* _________

◖ Meine Eltern wohnen in Polen.

2. ◖ _________ ◖ _________

◖ Mein Vater ist Arzt.

3. ◖ _________ ◖ _________

◖ Meine Geschwister heißen Olaf und Julia.

10 Und Ihre Familie? Schreiben Sie einen kurzen Text über Ihre Familie.

Haben Sie Geschwister? Wie viele? Wo lebt Ihre Familie? Haben Sie Kinder? Wie viele?

____

____

____

B Ein Freizeitprogramm

11 Kreuzen Sie an: Was ist richtig?

1. eine Radtour	O machen	O fahren	O gehen
2. die Stadt	O kaufen	O besichtigen	O machen
3. ein Straßenfest	O tanzen	O besuchen	O essen
4. Lebensmittel	O machen	O leben	O kaufen

12 Was macht Albert? Schreiben Sie Sätze.

in Paris wohnen, Lehrer von Beruf

nach Berlin fliegen

den Reichstag besichtigen

ein Berlin-Buch kaufen

1. Albert wohnt in Paris. Er ______
2. ______
3. ______
4. ______

13 Albert arbeitet heute nicht. Schreiben Sie Sätze mit *zuerst, dann* und *danach.*

Albert hat heute viel Zeit.

1. Zuerst kauft er ______ (Lebensmittel kaufen)
2. Dann ______ (einen Freund besuchen)
3. Danach ______ (einen Brief schreiben)
4. Dann ______ (Italienisch lernen)

14 Schreiben Sie Sätze mit *zuerst, dann* oder *danach.*

1. Ich lerne. Ich koche Mittagessen. Zuerst lerne ich, dann ______
2. Ich arbeite. Ich besuche ein Straßenfest. ______
3. Ich suche die Brille. Ich suche das Buch. ______

15a Bremen. Welche Sehenswürdigkeiten gibt es? Schreiben Sie.

der Roland

das Schnoorviertel

die Böttcherstraße

die Bremer Stadtmusikanten

In Bremen gibt es den Roland, ______

15b Hören Sie das Telefongespräch. Kreuzen Sie in 15a an: Was besichtigen Evia und Ivan? 26

15c Hören Sie das Telefongespräch noch einmal. Kreuzen Sie an: richtig oder falsch? 26

	R	F
1. Zuerst frühstücken Evia und Ivan.	○	○
2. Sie machen eine Hafenrundfahrt.	○	○
3. Sie besichtigen das Schnoorviertel.	○	○

16 Was mache ich heute? Ergänzen Sie *kein* im Akkusativ.

1. Machen wir eine Radtour? – Nein, ich habe leider __________ Zeit!
2. Ich besuche ein Straßenfest. – Aber es gibt doch __________ Straßenfest!
3. Ich koche Mittagessen. – Aber du hast __________ Lebensmittel!
4. Machen wir eine Hafenrundfahrt? – Aber in München gibt es __________ Hafen.

17a Fragen und Antworten. Was passt zusammen? Verbinden Sie.

Wann kommst du?	1 ○	○ A	Wir haben das Rathaus und den Roland.
Was machen wir?	2 ○	○ B	Zuerst frühstücken wir. Dann besichtigen wir die Stadt.
Welche Sehenswürdigkeiten gibt es?	3 ○	○ C	Nein, ich habe kein Rad.
Machen wir auch eine Radtour?	4 ○	○ D	Ich komme am Samstag.

17b Was machen wir? Schreiben Sie einen Dialog. Die Dialoggrafik hilft.

kommen – wann?
→ am Samstag / machen – was?
→ zuerst einen Freund besuchen – dann die Stadt besichtigen
→ auch ein Straßenfest besuchen?
→ nein, am Samstag kein Straßenfest

- *Hallo, Jan! Wann kommst* __________
- __________
- __________
- __________
- __________

18 Welche Sehenswürdigkeiten gibt es in Ihrem Wohnort? Schreiben Sie einen Dialog.

– *Hallo! Wann kommst du?*
+ ...

C Der Sonntag bei Familie Kuhn

19 Kreuzworträtsel. Welches Verb passt? Ergänzen Sie. Wie heißt das Lösungswort?

1. Schokolade *E S S E N*
2. Türkisch
3. einen Film
4. ein Buch
5. nach Köln
6. eine Freundin
7. Fußball
8. ruhig

~~essen~~ – lesen – spielen – sprechen – sein – sehen – treffen – fahren

Lösungswort __________

20 Ergänzen Sie die Verben.

1. ◖ Was macht Rüdiger? ◖ Er ______________ . (*schlafen*)
2. ◖ ______________ Sie das Buch? ◖ Ja, ich ______________ es. (*nehmen, nehmen*)
3. ◖ ______________ du Frau Klein? ◖ Nein, sie hat keine Zeit. (*treffen*)
4. ◖ ______________ du? ◖ Nein, ich ______________ einen Film. (*lesen, sehen*)
5. ◖ ______________ du nach Frankfurt? ◖ Ja, ich ______________ da einen Freund. (*fahren, treffen*)

21 Ergänzen Sie die Tabelle.

	nehmen	**essen**	**lesen**	**fahren**	**schlafen**
ich					
du					
er/es/sie					
wir					
ihr					
sie/Sie					

22 Kreuzen Sie an: Was ist richtig?

1. Herr Müller ○ fahrt ○ fährt nach Österreich.
2. Er ○ liest ○ lest ein Buch im Zug.
3. Er ○ trifft ○ treffen einen Freund.
4. Der Freund ○ spricht ○ spreche Englisch.

23 Meine Familie am Sonntag. Wer macht was? Schreiben Sie Sätze.

schlafen – einen Film sehen – ~~spielen~~ – Schokolade essen – ein Buch lesen – einen Brief schreiben

Meine Cousine und ich spielen.

____

____

____

____

____

____

____

D Familien früher

24 Früher und jetzt. Was passt? Ordnen Sie zu.

Früher war ich ein Kind. – Jetzt habe ich ein Kind. – Jetzt bin ich Mutter. – Früher hatte ich kein Kind.

1. ______________________________
____

2. ______________________________
____

25 *Haben* und *sein* im Präteritum. Ergänzen Sie die Tabelle.

	sein		
ich	war	wir	
du		ihr	
er/es/sie		sie/Sie	

	haben		
ich		wir	
du		ihr	
er/es/sie		sie/Sie	

26 Warst du schon in …? Ergänzen Sie *sein* im Präteritum.

1. ◖ ________ du schon in Warschau? ◖ Nein, aber ich ________ schon in Krakau.
2. ◖ ________ ihr schon im Reichstag? ◖ Ja, und am Potsdamer Platz ________ wir auch.
3. ◖ ________ Julia schon in Frankreich? ◖ Nein, aber sie ________ schon in Italien.
4. ◖ ________ Sie schon in Potsdam? ◖ Ja, ich ________ schon in Potsdam.

27 Früher und heute. Ergänzen Sie *haben* und *sein* im Präsens oder Präteritum.

1. Früher ________ die Familien in Deutschland groß. Heute ________ die Familien klein.
2. Früher ________ wir viel Zeit. Heute ________ wir keine Zeit.
3. Früher ________ ich eine Wohnung. Heute ________ ich ein Haus.
4. Früher ________ er Koch. Heute ________ er Chefkoch.

28 Flüssig sprechen. Hören Sie zu und sprechen Sie nach. 27

1. das Essen. – dann kocht sie das Essen. – Zuerst kauft sie Lebensmittel, dann kocht sie das Essen.
2. Freunde. – dann besucht er Freunde. – Zuerst lernt er Deutsch, dann besucht er Freunde.
3. ein Buch. – dann lese ich ein Buch. – Zuerst arbeite ich, dann lese ich ein Buch.
4. Hausaufgaben. – macht er Hausaufgaben. – Am Sonntag macht er Hausaufgaben.

29 Meine Familie. Machen Sie einen Stammbaum.

Vater

Mein Foto

30 Grüße aus Hamburg. Lesen Sie die Karte und beantworten Sie die Fragen.

Hallo Nora,
endlich bin ich in Hamburg. Warst du schon in Hamburg? Die Stadt ist toll! Heute besichtigen wir die Stadt. Morgen gehen wir zuerst auf den Fischmarkt. Dann besichtige ich den Michel und Martin macht eine Hafenrundfahrt. Was machst du? Wann kommst du wieder nach Köln?
Viele Grüße
deine Dörte

Nora Rosenberg
Waldweg 8a
70597 Stuttgart

Hafen

Fischmarkt

Michel

1. Wer ist in Hamburg? ______
2. Was machen sie heute? ______
3. Was macht Dörte morgen? ______

31 Schreiben Sie Dörte eine Karte. Schreiben Sie zu jedem Punkt einen Satz.

- Sie waren schon in Hamburg. Sie finden die Stadt schön.
- Ihr Wochenende: eine Freundin / einen Freund in Berlin besuchen
- Am Samstag: den Potsdamer Platz besichtigen und ins Kino gehen

Liebe Dörte,
vielen Dank für deine Karte. Ich war ______

______

______

Ich komme im Sommer nach Köln. Jetzt habe ich viel Arbeit und keine Zeit.
Bis bald und viele Grüße
______

Wichtige Wörter

Großvater, der, "- __________

Großmutter, die, "- __________

Vater, der, "- __________

Mutter, die, "- __________

Bruder, der, "- __________

Schwester, die, -n __________

Großeltern, die, Pl. __________

Eltern, die, Pl. __________

Geschwister, die, Pl. __________

Onkel, der, - __________

Tante, die, -n __________

A

1a Sohn, der, "-e __________

Mann, der, "-er __________

Tochter, die, " __________

B

1 Zeit, die, -en __________

gern __________

geben, es gibt __________

Sehenswürdigkeit, die, -en __________

nach __________

nach Berlin __________

Idee, die, -n __________

2a Radtour, die, -en __________

Supermarkt, der, "-e __________

Lebensmittel, das, - __________

kaufen __________

besichtigen __________

besuchen __________

Mittagessen, das, - __________

kochen __________

2b zuerst __________

dann __________

danach __________

4 kennen __________

C

1a Sonntag, der, -e __________

alle __________

niemand __________

schlafen, er schläft __________

essen, er isst __________

Schokolade, die __________

sehen, er sieht __________

Film, der, -e __________

fahren, er fährt __________

treffen, er trifft __________

Freund/in, der/die, -e/-nen __________

2 Schlüssel, der, - __________

nehmen, er nimmt __________

nach Hause __________

3 aber __________

Sonntag, der, -e __________

D früher __________

1b anders __________

Praxis, die, Praxen __________

____

____

____

Wörter lernen

32 Familienwörter. Bilden Sie Wortpaare und schreiben Sie die Wörter auf Kärtchen.

~~Onkel~~ – Mutter – Schwester – Sohn – Großmutter – ~~Tante~~ – Bruder – Tochter – ~~Vater~~ – Großvater

mein Onkel

meine Tante

mein Vater

meine

i Lernen Sie Familienwörter in Paaren.

33 Was können Sie über Ihre Familie sagen? Schreiben Sie Fragen und Antworten auf Kärtchen. Üben Sie dann zu zweit.

Haben Sie Kinder?

Ja, ich habe ... Kinder. / Nein, ich habe keine Kinder.

Wie groß ist Ihre Familie?

Ich habe einen Bruder / ... Brüder. Ich habe keine Geschwister.

Wie alt ist Ihre Tochter?

Meine Tochter ist ... Jahre alt.

i Lernen Sie Minidialoge mit Karten. Wiederholen Sie die Dialoge oft.

34 Was passt zusammen? Schreiben Sie Sätze.

~~eine Radtour~~ – das Mittagessen – nach Hamburg – ein Straßenfest – meine Freunde

~~machen~~ – treffen – kochen – besuchen – fahren

1. Ich mache eine Radtour.
2. ______
3. ______
4. ______
5. ______

35 Wörter hören und nachsprechen. Hören Sie zu und sprechen Sie nach. 28

1. die Lebensmittel – der Supermarkt – die Schokolade – das Mittagessen
2. die Zeit – die Idee – die Sehenswürdigkeit – die Radtour
3. geben – schlafen – sehen – fahren – treffen – nehmen

Station 1

1a Lesen Sie und ergänzen Sie.

Ich kann auf Deutsch

	✔	○
1. andere Personen begrüßen und mich verabschieden	▢	▢

A

1. Guten Tag, Frau Bauer.
   ___________________, Herr Glas.
2. Auf Wiedersehen. – ___________________.

B

1. Hallo, Anke! – ___________________, Jan!
2. Tschüss, Jan. – ___________________!

2. meinen Namen, mein Heimatland, meinen Beruf und meine Adresse sagen ▢ ▢

Wie heißen Sie?

____

Woher kommen Sie?

____

Was sind Sie von Beruf?

____

Wie ist Ihre Adresse?

____

3. Zahlen verstehen und meine Telefonnummer sagen ▢ ▢

acht _8_______ vierzig __________

dreizehn __________ hundertsechs __________

Entschuldigung, wie ist Ihre Telefonnummer?

____

4. sagen, wie es mir geht, und fragen, wie es jemandem geht ▢ ▢

Frau Meier, wie ____________ es ____________?

Danke, ____________. Und ____________?

5. sagen, welche Sprachen ich spreche ▢ ▢

Welche Sprachen ________________ Sie?

Ich ________________ ________________ und ein bisschen ________________.

6. über eine Wohnung sprechen ▢ ▢

Jens Kaschenz wohnt im zweiten ____________. Er hat eine 3-Z__________ w________________. Die W______________ ist g________ – 120 qm! Er braucht noch M____________.

7. sagen, dass mir etwas (nicht) gefällt O O

- _______ findest du den Schrank?
- Ich finde den Schrank ______________.
- Oh nein, der Schrank ist ______________!

8. über meine Familie sprechen O O

- Haben Sie Geschwister?
- ____
- Haben Sie Kinder?
- ____

1b Kontrollieren Sie mit den Lösungen auf S. 83 und markieren Sie ✔ für *kann ich* und O für *kann ich nicht so gut*.

Wichtige Wörter – Sprache im Kurs

lesen, er liest	______________
Tẹxt, der, -e	______________
Lesen Sie den Text.	______________
schreiben	______________
Sạtz, der, "-e	______________
Schreiben Sie drei Sätze.	______________
ergạ̈nzen	______________
Tabẹlle, die, -n	______________
Ergänzen Sie die Tabelle.	______________
markieren	______________
Markieren Sie die Endungen.	______________
unterstreichen	______________
Unterstreichen Sie die Verben.	______________
hören	______________
Dialog, der, -e	______________
Hören Sie den Dialog.	______________
fragen	______________
Frage, die, -n	______________
ạntworten	______________
Ạntwort, die, -en	______________
ạnkreuzen	______________
Kreuzen Sie an: richtig oder falsch?	______________
zuordnen	______________
Welches Foto passt? Ordnen Sie zu.	______________
sprẹchen, er spricht	______________
spielen	______________
Spielen Sie im Kurs.	______________
ạrbeiten	______________
Arbeiten Sie zu zweit / zu dritt.	______________

Mein Tag, meine Woche 5

1 Was machen die Leute? Schreiben Sie Sätze.

1. Sie wandern.

4. ______

7. ______

2. ______

5. ______

8. ______

3. ______

6. ______

9. ______

2a Was ist ihr Hobby? Hören Sie und kreuzen Sie an: richtig oder falsch? 29

	R	F
1. Peter findet Fußball langweilig.	O	O
2. Rolf Martin liest gern.	O	O
3. Barbara Hansen macht einen Tanzkurs.	O	O
4. Birgit surft nicht gern im Internet.	O	O

2b Hören Sie noch einmal. Was machen die Personen gern, was machen sie nicht gern? Schreiben Sie. 29

	🙂	☹
Peter	______	______
Herr Martin	______	______
Barbara Hansen	______	______
Birgit	______	______

3 Gern und nicht gern. Lesen Sie den Text. Schreiben Sie dann den Text mit *nicht gern*.

Caroline	Matthias
Caroline liest gern. Sie kocht gern und sie kauft gern ein. Sie geht auch gern tanzen.	Matthias liest nicht gern. Er ______

A Wie spät ist es?

4 Wie spät ist es? Schreiben Sie.

1. halb zehn 9:30 / 21:30
2. fünf nach zwei ______
3. zehn vor sieben ______
4. Viertel nach acht ______
5. zwanzig vor eins ______
6. Viertel vor zehn ______
7. zwölf Uhr ______
8. zehn nach drei ______

5 Uhrzeiten. Ordnen Sie zu.

halb – Viertel nach – zwanzig nach – zehn vor – zehn nach – Viertel vor – zwanzig vor

Es ist ...

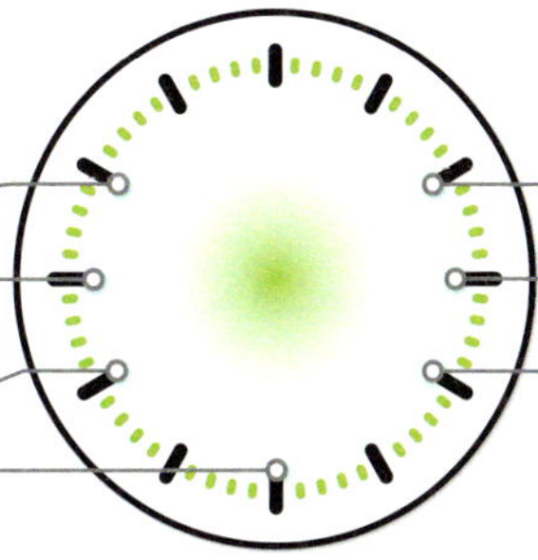

6a Wann? Hören Sie und kreuzen Sie an. 30

1. ○ A  ○ B 

2. ○ A  ○ B 

3. ○ A  ○ B 

6b Wann? Schreiben Sie.

1. Wann beginnt der Film? (22.00) Um zehn.
2. Wann kommst du? (15.30) ______
3. Wann hast du Zeit? (11.15) ______
4. Wann essen wir? (12.30) ______

7 Uhrzeiten offiziell. Wie spät ist es? Ordnen Sie zu.

A fünf Uhr dreißig
B elf Uhr fünf
C dreizehn Uhr fünfundfünfzig
D dreiundzwanzig Uhr vierzig
E sieben Uhr fünfundvierzig
F neunzehn Uhr zwanzig

1. ◯ 05:30
2. ◯ 07:45
3. ◯ 11:05
4. ◯ 13:55
5. ◯ 19:20
6. ◯ 23:40

8 Welche Antwort passt? Ordnen Sie zu.

Wann gehst du ins Büro? 1 ○
Bis wann bleibst du dort? 2 ○
Arbeitest du von acht bis acht? 3 ○
Und wann kommst du nach Hause? 4 ○

○ A Ja, ich arbeite von acht Uhr bis acht Uhr.
○ B Um halb acht.
○ C Ich komme um halb neun.
○ D Bis acht.

9 Das Fernsehprogramm. Ergänzen Sie *um, bis* und *von … bis*.

1. Heute kommt ein Krimi. Ja, aber so spät! Er geht ________ 22 ________ 23.45 Uhr.
2. Wann fängt das Fußballspiel an? Moment, hier steht ________ Viertel vor zehn.
3. Bis wann geht die Kochshow? ________ vier.

10 Was mache ich? Schreiben Sie die Sätze neu.

1. Ich gehe um zwei Uhr spazieren. Um zwei Uhr gehe ich ________
2. Ich mache von drei bis vier Hausaufgaben. Von drei ________
3. Ich höre dann Musik. ________
4. Ich koche um sechs Uhr. ________
5. Ich esse um halb sieben. ________

11 Was kommt im Fernsehen?
Suchen Sie drei Sendungen aus und schreiben Sie Sätze wie im Beispiel.

ARD	ZDF
19:50 **Das Wetter im Ersten**	19:00 **heute**
19:55 **Börse im Ersten**	19:20 **Wetter**
20:00 **Tagesschau**	19:25 **Sport-live** Fußballspiel: Deutschland vs. England
20:15 **Ein Vater für Klette** Familienfilm, D 2003	22:15 **heute-journal**
22:00 **Tagesthemen**	22:45 **Kommissar Stolberg** Krimi, D 2008

Von Viertel nach acht bis zehn Uhr kommt ein Film. Um fünf vor halb acht beginnt ________

____

____

____

B Was macht Marines am Samstag?

12a Ein Tag von Ulrike. Ordnen Sie die Sätze zu.

1. Dann kauft sie ein. ________
2. Danach sieht sie fern. ________
3. Sie geht mit Lena aus. ________
4. Sie steht um acht Uhr auf. ________
5. Sie räumt ihr Zimmer auf. ________

12b Unterstreichen Sie die Verben in 12a. Ordnen Sie die Infinitive zu.

aufstehen – fernsehen – ausgehen – aufräumen – einkaufen

13 Was machen Timo und Natalie am Samstag? Ergänzen Sie.

mitkommen – ~~aufstehen~~ – aufräumen – abholen – einkaufen

1. Timo und Natalie *stehen* um neun Uhr *auf*.
2. Timo _______ die Wohnung _______.

   Natalie _______ Lebensmittel _______.
3. Natalie und Timo gehen schwimmen. Ihre Freundin _______ _______.
4. Sie _______ die Freundin _______.

14 Was macht Justin am Samstag? Schreiben Sie Sätze wie im Beispiel.

1. einkaufen — *Justin kauft ein.*

   am Samstag — *Justin kauft am Samstag ein.*

   am Samstag Lebensmittel — *Justin kauft am Samstag Lebensmittel ein.*
2. anrufen — *Justin* _______

   Martin — _______

   Martin oft — _______
3. ausgehen — _______

   am Samstag — _______

   am Samstag gern — _______

15 Was fehlt? Ergänzen Sie.

1 ab – an
- Wann fängt der Unterricht _______? ◖ Um neun. Dann hole ich Peter _______.

2. ein – mit
- Kaufst du heute _______? Und bringst du bitte eine Zeitung _______? ◖ Ja, klar.

3. fern – an
- Was machst du jetzt? ◖ Zuerst rufe ich Hans _______ und dann sehe ich _______.

C Meine Woche

16 Wie heißen die Wochentage? Ergänzen Sie.

Mo _______ Do _______ Sa _______

Di _______ Fr _______ So _______

Mi _______

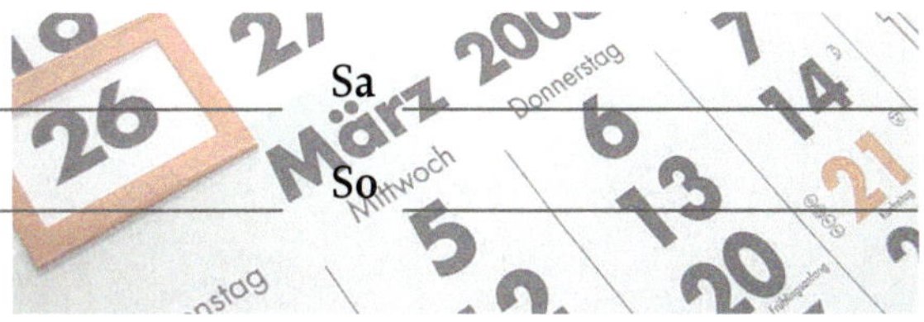

17 Die Woche von Maria. Ergänzen Sie die Wochentage.

MONTAG	DIENSTAG	MITTWOCH	DONNERSTAG	FREITAG	SAMSTAG	SONNTAG
9–13	13^{00} Arzt	9–13	19^{00}	9–13	Dresden	
Arbeit	20^{30} Kino	Arbeit	Constanza	Arbeit		

1. Am ______________ trifft Maria eine Freundin.
2. Am ______________ geht sie ins Kino.
3. Am ______________, ______________ und ______________ arbeitet sie.
4. Am ______________ hat sie einen Arzttermin.
5. Am ______________ fährt sie nach Dresden und am ______________ kommt sie zurück.

18 Was passt? Ergänzen Sie die Präpositionen *am*, *um* oder *bis*.

- Wann gehen wir ins Kino? – _____ Montag oder _____ Dienstag.
- Gut, _____ Montag. Und _____ wie viel Uhr?
- Der Film beginnt _____ neun Uhr und geht _____ halb zwölf.
- So lange? Das ist schlecht. Kommt der Film auch _____ Samstag? – Ja, schon _____ 15 Uhr.

19 Am Tag und in der Nacht. Ergänzen Sie die Tageszeiten.

am Vormittag | ______________ | ______________ | ______________ | ______________

20 Was macht Erik? Schreiben Sie Sätze.

MONTAG
- 9–12.30 arbeiten
- 16.00 Uhr schwimmen gehen
- 20.00 Uhr Susanne treffen

DIENSTAG
- 10.00 einkaufen
- 14.00 Nadine kommt!

MITTWOCH
- 9.30–11.00 Deutsch lernen
- 15.00 Fußball spielen
- 19.00 Sebastian besuchen

Am Montagvormittag arbeitet Erik. Am Nachmittag ______________________________

21a Was machen Sie am Wochenende? Schreiben Sie in den Terminkalender.

essen mit ... – ... besuchen – fernsehen – Deutsch lernen – ... anrufen – ...

FREITAG	SAMSTAG	SONNTAG
9–12 Deutschkurs		

21b Was machen Sie wann? Schreiben Sie Sätze.

Am Freitagvormittag lerne ich von 9 bis 12 Uhr Deutsch.

D Hast du morgen Zeit?

22 Positive oder negative Antwort? Kreuzen Sie an.

		☺	☹
1.	Kommst du heute mit?		
	Nein, ich habe keine Lust.	○	○
2.	Hast du heute Zeit?		
	Ja, heute habe ich Zeit. Was machen wir?	○	○
3.	Gehen wir am Montag schwimmen?		
	Ja, das geht.	○	○
4.	Holst du Janina um drei ab?		
	Nein, das geht nicht.	○	○

23 Ergänzen Sie den Dialog. Kontrollieren Sie dann mit der CD. 31

O.k., um 19 Uhr? – Heute habe ich keine Zeit, ich habe meinen Deutschkurs. – Ja, morgen geht es um 17 Uhr.

- Gehen wir heute ins Fitnessstudio?
- ______
- Hast du morgen Zeit?
- ______
- Geht es auch später?
- ______
- Ja, 19 Uhr geht. Bis morgen.

24 Schreiben Sie einen Dialog. Die Dialoggrafik hilft.

ins Kino gehen?	Gehen wir ins Kino?
☺ Wann?	
Samstagabend / 20 Uhr?	
☹ Eltern kommen	
Wann Zeit?	
Sonntag / 19 Uhr	
☺ bis Sonntag	

25 Textkaraoke. Hören Sie und sprechen Sie die -Rolle im Dialog. 32

- ...
- Ja, was machen wir?
- ...
- Gern, wann?
- ...
- Geht es auch später?
- ...
- Ja, das geht. Bis später.

26 Sie bekommen eine SMS. Antworten Sie.

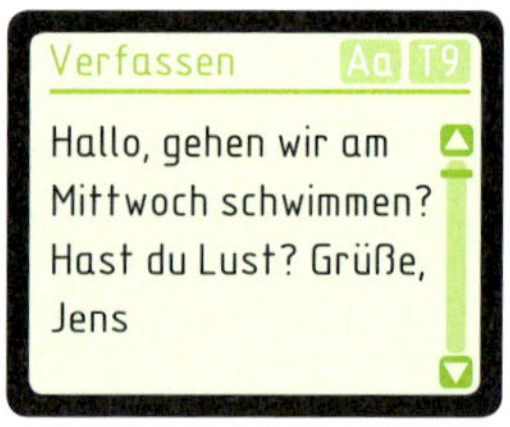

Sie haben keine Zeit. Freitag?

27a Hören Sie zu. Kreuzen Sie an: Welches Foto passt? 33

A ▢

B ▢

C ▢

27b Hören Sie den Dialog noch einmal und kreuzen Sie an: richtig oder falsch? 33

	R	F
1. Marina wohnt in Köln.	▢	▢
2. Katja hat heute keine Zeit.	▢	▢
3. Marina trifft am Donnerstag Freunde.	▢	▢
4. Katja und Marina gehen am Samstag essen.	▢	▢

28 Flüssig sprechen. Hören Sie zu und sprechen Sie nach. 34

1. 6 Uhr 45 auf. – um 6 Uhr 45 auf. – Ich stehe um 6 Uhr 45 auf.
2. um 9 Uhr an. – fängt um 9 Uhr an. – Der Deutschkurs fängt um 9 Uhr an.
3. nach Hause. – um halb eins nach Hause. – Ich komme um halb eins nach Hause.
4. bis zehn. – von acht bis zehn. – Der Tanzkurs geht von acht bis zehn.

29 Wann findet was statt? Lesen Sie und ergänzen Sie den Kalender.

○ **Hertha BSC – 1. FC Köln**
Olympiastadion · Fr. 15.30 Uhr
KARTEN 622 45 66

○ **Museum für Film und Fernsehen**
Samstag, 13. Oktober um 16.00 Uhr
DER NAVIGATOR
Regie: Buster Keaton, Donald Crisp, USA 1924, 59 Min.
Stummfilm mit Klavierbegleitung
Potsdamer Str. 2 10785 Berlin U/S-Bahn Potsdamer Platz

○ **CIRCUS UNTER WASSER**
14.–29. Oktober
Circus mit Wasser-Manege in der Clayallee in Zehlendorf
Di 20 Uhr,
Mi + Sa 15.30 und 20 Uhr
So 14.30 und 18 Uhr
Ticket-Service: 0180 – 5224151

○ *Philharmonie Kammermusiksaal*
Pietro Massa *Klavier*
Mi 10. Oktober 2009 · 20 Uhr

○ CHINA RESTAURANT **Hong Fu**
Jeden Samstag von 18 bis 23 Uhr Buffet
Kranoldplatz 2 | 12209 Berlin | (030) 76684957

○ **Maxim Gorki Theater Berlin**
Am Festungsgraben 2
10117 Berlin
Kartenservice: 030 / 20221-115
09.10.09 19.30 Uhr – 21.50 Uhr
Tartuffe – Molière
Regie: Robert Schuster

MONTAG 8.10.	DIENSTAG 9.10.	
	19.30 Uhr Tartuffe	
	(Maxim Gorki Theater)	
MITTWOCH 10.10.	**DONNERSTAG 11.10.**	
FREITAG 12.10.	**SAMSTAG 13.10.**	**SONNTAG 14.10.**

30a Hören Sie den Dialog. Über welche Veranstaltungen sprechen Jochen und Franka? Kreuzen Sie in Aufgabe 29 an. 35

30b Hören Sie den Dialog noch einmal. Kreuzen Sie an: richtig oder falsch? 35

	R	F
1. Jochen findet Fußball interessant.	○	○
2. Franka findet Klaviermusik gut.	○	○
3. Jochen hat am Samstag keine Zeit.	○	○
4. Jochen und Franka gehen am Samstag ins Museum.	○	○
5. Am Sonntag kochen Jochen und Franka zusammen.	○	○

Wichtige Wörter

Tag, der, -e ______
Woche, die, -n ______
Fußball spielen ______
wandern ______
schwimmen ______
tanzen ______
im Internet surfen ______
Musik hören ______
Junge, der, -n ______
Mädchen, das, - ______
(nicht) gern ______
Hobby, das, -s ______

A Wie spät ist es? ______
1 halb ______
Viertel vor ______
Viertel nach ______
4 wann ______
beginnen ______
Pause, die, -n ______
enden ______
um ______
7 bis wann ______
gehen ______
Der Kurs geht bis acht. ______
von ... bis ______

B
1a ab|holen ______
Kino, das, -s ______
an|fangen, er fängt an ______
fern|sehen, er sieht fern ______
auf|stehen ______
auf|räumen ______
ein|kaufen ______
mit|bringen ______
Zeitung, die, -en ______
aus|gehen ______
mit|kommen ______
auf|hören ______
2 heute ______
morgen ______
3a Wochenende, das, -n ______
an|rufen ______
interessant ______

C
1a Montag, der, -e ______
Dienstag, der, -e ______
Mittwoch, der, -e ______
Donnerstag, der, -e ______
Freitag, der, -e ______
Samstag, der, -e ______
Sonntag, der, -e ______
am (+ *Tag*) ______
1b Morgen, der, - ______
am Morgen ______
Vormittag, der, -e ______
Mittag, der, -e ______
Nachmittag, der, -e ______
Abend, der, -e ______

am Abend ______

die Nacht, "-e ______

Montagvormittag, der, -e ______

3 zusammen ______

Dienstagabend, der, -e ______

D

1b Schule, die, -n ______

später ______

Ja, das geht. ______

klar ______

1c leider ______

Lust haben ______

3 Konzert, das, -e ______

Fahrrad, das, "-er ______

______

______

______

Wörter lernen

31 Hobbys. Was ist das? Schreiben Sie.

 ______

 ______

 ______

 ______

 ______

 ______

 ______

 ______

 ______

 ______

32 Sammeln Sie trennbare Verben aus der Wortliste auf S. 54 und schreiben Sie Sätze.

auf/stehen

Ich stehe am Montag um 7 Uhr auf.

an/fangen

+ Wann fängt der Film an?
– Um acht Uhr.

Lernen Sie trennbare Verben im Satz: Schreiben Sie die Verben auf Kärtchen und markieren Sie die Vorsilben, z. B.: auf|stehen. Schreiben Sie auch einen Satz dazu.

33 Wörter hören und nachsprechen. Hören Sie zu und sprechen Sie nach. 36

1. der Tag – die Woche – das Wochenende
2. das Hobby – im Internet surfen – ins Konzert gehen – ins Kino gehen
3. zusammen – interessant – später – leider

Guten Appetit! 6

1 Lebensmittel. Finden Sie elf Lebensmittel und ordnen Sie sie zu. Schreiben Sie die Wörter mit Artikel.

H	M	H	A	N	K	A	F	F	E	E
Ä	J	I	R	S	A	L	A	T	T	L
H	O	F	I	S	C	H	H	O	E	B
N	B	U	T	T	E	R	M	M	E	K
C	H	R	Ö	O	O	I	I	R	A	Ä
H	Y	U	A	P	F	E	L	T	T	S
E	R	T	W	E	I	N	C	O	R	E
N	B	A	N	A	N	E	H	L	X	Ä

Getränke

der Kaffee

______

______

Fleisch und Fisch

______

______

Obst und Gemüse

______

______

______

Milchprodukte

______

______

______

2 Was essen und trinken Sie gern oder nicht gern? Schreiben Sie sechs Sätze.

Ich esse gern

______

______

Ich esse nicht gern

______

______

3a Wie oft? Ordnen Sie die Wörter.

manchmal – nie – selten – ~~täglich~~ – oft

täglich ______ ______ ______ ______

3b Schreiben Sie sechs Sätze mit den Wörtern aus 3a.

Kaffee trinken – Reis essen – aufräumen – Fußball spielen – Bücher lesen – ~~Deutsch lernen~~ – Auto fahren – ...

1. Ich lerne täglich Deutsch.
2. ______
3. ______
4. ______
5. ______
6. ______

A Der Einkaufszettel

4 Ergänzen Sie den Imperativ.

	du	ihr	Sie
1.	___ bitte Brot! (holen)	___ bitte langsam! (fahren)	___ einen Salat! (nehmen)
2.	___ gut! (schlafen)	___ doch den Lehrer! (fragen)	___ den Text! (lesen)
3.	___ bitte langsam! (sprechen)	___ am Abend! (kommen)	___ bitte! (antworten)

5 Was passt? Ordnen Sie zu.

Ich verstehe den Text nicht.	1 ○	○ A	Dann iss doch ein Brot!
Wir haben Hunger.	2 ○	○ B	Dann trink doch Wasser!
Wir haben Durst.	3 ○	○ C	Dann nehmt doch das Wörterbuch!
Ich habe Durst.	4 ○	○ D	Dann esst doch Bananen!
Wir verstehen die Wörter nicht.	5 ○	○ E	Dann nimm doch das Wörterbuch!
Ich habe Hunger.	6 ○	○ F	Dann trinkt doch Tee!

6 Was mache ich am Wochenende? Schreiben Sie Sätze im Imperativ.

1. spazieren gehen — *Gehen Sie doch spazieren!*
2. ein Buch lesen — ___
3. nach Berlin fahren — ___
4. das Straßenfest besuchen — ___

7 Suchen Sie zehn Verben in den Lektionen 1 bis 5 und schreiben Sie Sätze im Imperativ.

Infinitiv	*du*	*ihr*	*Sie*	*Satz*
kaufen	*Kauf!*	*Kauft!*	*Kaufen Sie!*	*Kauf bitte ein Brot!*
essen	*Iss!*	*Esst!*	*Essen Sie!*	*Esst jetzt bitte!*
anfangen	*Fang an!*	*Fangt an!*	*Fangen Sie an!*	*Fangen Sie jetzt an!*

8 Was kauft Herr Huber? Schreiben Sie.

Herr Huber kauft Spaghetti, ______________________

____

____

____

____

____

9 Lebensmittel und Verpackungen. Ordnen Sie zu.

ein Becher	eine Dose	eine Flasche	ein Netz	ein Stück	eine Packung
______	______	______	______	______	______
	______	______	______	______	

10 Was ist hier falsch? Korrigieren Sie.

- Ja, bitte?
- 200 ~~Pfund~~ Wurst und ein Netz Käse, bitte. — *Gramm,* ______________________
- Gern. Noch etwas?
- Ja, eine Tafel Spaghetti und drei Tüten Joghurt. — ______________________
- Ja. Hier, bitte.
- Und eine Packung Wasser, bitte. — ______________________

B Einkaufen

11a Wo kauft Herr Kuhn ein? Ergänzen Sie.

1. *auf dem* ______ Markt
2. ______ Bäckerei
3. ______ Supermarkt
4. ______ Getränkemarkt

11b Was kauft Herr Kuhn wo? Schreiben Sie Sätze.

Obst und Gemüse – Brot – ~~Wasser und Bier~~ – Wurst – Nudeln und Schokolade

1. *Er kauft Wasser und Bier im Getränkemarkt.*
2. ______________________________
3. ______________________________
4. ______________________________
5. ______________________________

12 Wer sagt was? Ordnen Sie zu.

Das macht zusammen 25,35 €. – Ich nehme ein Pfund Tomaten. – Ich hätte gern vier Brötchen. – Haben Sie noch einen Wunsch? – Was darf es sein? – Wie viel kostet ein Kilo Äpfel? – Ich möchte noch ein Stück Käse. – Das Kilo kostet nur 1,49 €.

Verkäufer / Verkäuferin	**Kunde / Kundin**
______________	______________
______________	______________
______________	______________
______________	______________

13 Hier sind die Antworten. Schreiben Sie Fragen.

1. ______________________ Ich möchte fünf Brötchen.
2. ______________________ Die Äpfel kosten 1,99 €.
3. ______________________ Ja, noch drei Bananen, bitte.

14 Ich möchte ... Ergänzen Sie.

1. ◖ Möcht *est* du einen Kaffee? ◖ Nein, danke! Ich möcht_____ einen Tee.
2. ◖ Was möcht_____ Sie? ◖ Ich möcht_____ einen Kaffee und mein Sohn möcht_____ einen Orangensaft.
3. ◖ Möcht_____ ihr Wein oder Bier? ◖ Danke, wir möcht_____ Bier.

15 Hören Sie und korrigieren Sie die Preise. 🔊 37

______________ ______________ ______________ ______________

16 Einkaufsdialoge. Ordnen Sie und schreiben Sie die Dialoge. Kontrollieren Sie dann mit der CD. 38

Ein Bauernbrot, fünf Brötchen. Ist das alles? – Ja. Noch fünf Brötchen, bitte. – ~~Ja, bitte?~~ – Haben Sie Erdbeeren? – Dann geben Sie mir bitte 500 g. – Haben Sie noch einen Wunsch? – Ein Bauernbrot, bitte. – ~~Guten Tag, was darf es sein?~~ – Ja, das ist alles. – Natürlich, 500 g Erdbeeren kosten nur 2,99 €.

Dialog 1

- Guten Tag, was darf es sein?
- Ein ______
- ______
- ______
- ______
- ______

Dialog 2

- Ja, bitte?
- ______
- ______
- ______

17 Kreuzen Sie an: Was passt?

1. Was darf es sein?
- ☐ **A** Ich hätte gern zwei Kilo Orangen.
- ☐ **B** Nein, leider nicht.
- ☐ **C** Ich habe 10 Euro.

2. Haben Sie noch einen Wunsch?
- ☐ **A** Ja, gern.
- ☐ **B** Das macht 15,68 €.
- ☐ **C** Ja, ich brauche noch Zwiebeln.

3. Wie viel kosten die Tomaten?
- ☐ **A** Ein Kilo kostet heute 2,49 €.
- ☐ **B** Gern. Ist das alles?
- ☐ **C** Und 80 Cent zurück.

4. Wie viel Hackfleisch möchten Sie?
- ☐ **A** Danke, nein.
- ☐ **B** Ein Pfund, bitte.
- ☐ **C** Ich nehme Hackfleisch.

18 Auf dem Markt. Ergänzen Sie den Dialog.

Nein, danke. Das ist alles. – Ja, ein Kilo Äpfel. – Ich möchte ein Pfund Tomaten, bitte.

- Guten Tag, was darf es sein?
- ______
- Ein Pfund Tomaten – 1,99 €. Haben Sie noch einen Wunsch?
- ______
- Sonst noch etwas?
- ______
- Das macht dann zusammen 4,48 € ... und 5,52 € zurück.

19 Textkaraoke. Hören Sie und sprechen Sie die ☺-Rolle im Dialog. 39

- ...
- Ich hätte gern sechs Brötchen.
- ...
- Und noch ein Bauernbrot, bitte.
- ...
- Nein, danke. Das ist alles.
- ...
- Hier, bitte. Danke und auf Wiedersehen!

C Das mag ich

20a Das Verb *mögen*. Ergänzen Sie.

1. ◖ Magst du Fisch? ◖ Ja, ich ___________ Fisch.
2. ◖ Viele Kinder ___________ Schokolade, aber mein Sohn ___________ keine Schokolade.
3. ◖ ___________ ihr Spaghetti? ◖ Ja, wir ___________ Spaghetti.

20b Ergänzen Sie.

mögen

ich	___________	er/es/sie	___________	ihr	___________
du	___________	wir	___________	sie/Sie	___________

21 Was mögen die Personen? Schreiben Sie.

Anton: Schokolade

Sabine: Cola

Corinna und Natascha: Chips

Sebastian: Pommes

1. Anton mag Schokolade.
2. ___________
3. ___________
4. ___________

22 Kreuzen Sie an: *nicht* oder *kein*?

1. Ich esse ... gern Käse.
   - O A nicht
   - O B keinen
2. Er mag ... Kaffee.
   - O A nicht
   - O B keinen
3. Sie mag ... Äpfel.
   - O A nicht
   - O B keine
4. Sie trinkt ... gern Wein.
   - O A nicht
   - O B keinen

23 Schreiben Sie die Antworten mit *nicht* oder *kein*.

1. Magst du Tee? – Nein, ______
2. Siehst du gern fern? – Nein, ______
3. Isst du gern Chips? – Nein, ______
4. Magst du Bier? – Nein, ______

D Essen in Deutschland

24a Was essen Herr Matuschek (M), Frau Pohl (P) und Robert (R)?
Hören Sie und ordnen Sie zu. 40

☐ 
☐ 
M 
☐ 
☐ 
☐ 
☐ 
☐ 

24b Schreiben Sie Sätze zu 24a.

1. Herr Matuschek isst zum Frühstück ______
   Er trinkt ______
2. Frau Pohl ______
   ______
3. Robert ______
   ______

25 Frühstück – Mittagessen – Abendessen. Was essen und trinken Sie? Schreiben Sie.

Frühstück: Zum Frühstück esse ich ______

Mittagessen: ______

Abendessen: ______

26 Flüssig sprechen. Hören Sie zu und sprechen Sie nach. 41

1. keinen Käse. – Wurst, aber keinen Käse. – Sie mag Wurst, aber keinen Käse.
2. nicht so gern. – Kartoffeln nicht so gern. – Er isst Kartoffeln nicht so gern.
3. gern Kaffee. – ich trinke gern Kaffee. – Ich mag keinen Tee, ich trinke gern Kaffee.

27a Ein Rezept. Welche Lebensmittel braucht man? Ordnen Sie zu.

Pfannkuchen mit Zimt und Zucker

Zutaten für 4 Personen:

- ◯ 4 Eier
- ◯ 150 g Mehl
- ◯ Salz
- ◯ ¼ l Milch
- ◯ 2 Teelöffel Butter und Butter für die Bratpfanne
- ◯ 4 Esslöffel Zucker
- ◯ etwas Zimt

27b Wie macht man Pfannkuchen? Ordnen Sie die Arbeitsschritte zu.

1. Das Mehl, die Eier, die Milch und Salz in eine Schüssel geben und alles mischen. – 2. Den Pfannkuchen wenden und noch einmal 1 bis 2 Minuten braten. – 3. In der Bratpfanne die Butter erhitzen. – 4. Den Pfannkuchen mit Zimt und Zucker servieren. – 5. Zimt und Zucker mischen. – 6. Etwas Teig in die Pfanne geben und 2 bis 3 Minuten braten.

27c Machen Sie Pfannkuchen! Schreiben Sie die Sätze aus 27b im Imperativ.

A *Geben Sie das Mehl, die Eier, die Milch und Salz in eine Schüssel und*

B ______________________

C ______________________

D ______________________

E ______________________

F ______________________

Wichtige Wörter

guten Appetit ____________

Apfel, der, ¨- ____________

Banane, die, -n ____________

Brot, das, -e ____________

Butter, die ____________

Hähnchen, das, - ____________

Kaffee, der ____________

Kartoffel, die, -n ____________

Käse, der ____________

Milch, die ____________

Nudel, die, -n ____________

Reis, der ____________

Sahne, die ____________

Salat, der, -e ____________

Schokolade, die ____________

Tee, der ____________

Fisch, der, -e ____________

Tomate, die, -n ____________

Wasser, das ____________

Wein, der, -e ____________

Wurst, die ____________

essen ____________

trinken ____________

täglich ____________

oft ____________

manchmal ____________

selten ____________

nie ____________

A

1 Dose, die, -n ____________

Ei, das, -er ____________

Zucker, der ____________

Orange, die, -n ____________

2 vergessen, er vergisst ____________

gehen ____________

holen ____________

Bäckerei, die, -en ____________

bitte ____________

Obst, das ____________

4 Hunger, der ____________

Durst, der ____________

Apfelsaft, der, ¨-e ____________

5a probieren ____________

Kilo / Kilogramm, das ____________

6 Packung, die, -en ____________

Flasche, die, -n ____________

Stück, das ____________

Glas, das, ¨-er ____________

7 Abendessen, das, - ____________

Getränk, das, -e ____________

Bier, das ____________

Saft, der, ¨-e ____________

Kuchen, der, - ____________

Spaghetti, die, Pl. ____________

Fleisch, das ____________

Gramm, das ____________

Pfund, das ____________

Liter, der ____________

B

1a Markt, der, ¨-e ____________

Gemüse, das ____________

1c möcht- ______

geben, er gibt ______

alles ______

Was macht das? ______

Brötchen, das, - ______

etwas mehr ______

Sonst noch etwas? ______

Ich hätte gern ... ______

Kunde, der, -n ______

Kundin, die, -nen ______

2 Preis, der, -e ______

C

mögen, er mag ______

D

1 Frühstück, das ______

______

______

______

Wörter lernen

28 Welches Wort passt nicht? Streichen Sie.

1. Frühstück – Abendessen – Vormittag – Mittagessen
2. Tomate – Butter – Käse – Milch
3. Apfel – Gurke – Orange – Banane
4. Stück – Dose – Liter – Wasser
5. bezahlen – Preis – teuer – billig – kalt

i

Lernen Sie neue Wörter in Gruppen: Sammeln Sie Wörter zu einem Thema, z. B. *Obst, Gemüse, Getränke, Verpackungen* usw. Schreiben Sie die Wörter in Ihr Vokabelheft.

29 Einkaufsgespräche. Notieren Sie wichtige Sätze.

Verkäufer/Verkäuferin	Kunde/Kundin
Was darf es sein?	Ich hätte gern

30 Wörter hören und nachsprechen. Hören Sie zu und sprechen Sie nach. 42

1. das Obst – die Banane – der Apfel
2. das Gemüse – die Tomate – der Salat
3. die Bäckerei – das Brot – das Brötchen – der Kuchen
4. täglich – oft – manchmal – selten – nie

Meine Arbeit 7

1 Schreiben Sie zu jedem Buchstaben einen Beruf. Es gibt mehrere Möglichkeiten.

PROGR**A**MMIERERIN
_______ R _______
_______ B _______
_______ E _______
_______ I _______
_______ T _______

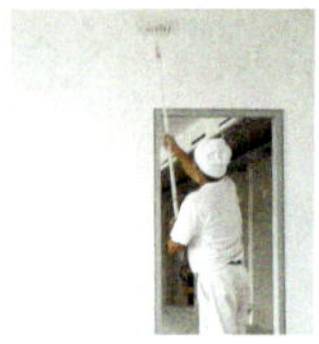

2 Wer macht was? Ordnen Sie zu.

1. Die _______ bringt Kaffee und Kuchen.
2. Der _______ kocht das Essen.
3. Der _______ fährt Menschen nach Hause.
4. Die _______ arbeitet in der Bank.
5. Die _______ putzt das Büro.
6. Der _______ repariert die Lampe.

Taxifahrer – Koch – Kellnerin – Reinigungskraft – Hausmeister – Bankkauffrau

A Das muss ich machen

3a Chaos bei den Verben. Im Text sind sechs Fehler. Korrigieren Sie den Text.

Um acht Uhr ~~bestellt~~ öffnet Herr Phan den Laden. Er verkauft den ganzen Tag die Kunden. Er öffnet Spezialitäten aus Asien. Um 19 Uhr hat er den Laden. Danach schließt er die Waren. Herr Phan bedient mittags nur 20 Minuten Pause.

3b Schreiben Sie den Text richtig.

Um acht Uhr öffnet Herr Phan _______

4 Was passt nicht? Streichen Sie.

1. den Laden öffnen – schließen – bestellen
2. die Waren bestellen – sagen – verkaufen
3. die Kunden schließen – bedienen – beraten
4. Geld wechseln – verkaufen – bezahlen

5 Was müssen sie machen? Ergänzen Sie das Verb *müssen* und ordnen Sie die Fotos zu.

1. ◯ Er ist Verkäufer. Er ______ Kunden bedienen.
2. ◯ Sie sind Studenten. Sie ______ viel lernen.
3. ◯ Sie ist Programmiererin. Sie ______ am Computer arbeiten.
4. ◯ Er ist Taxifahrer. Er ______ viel Auto fahren.
5. ◯ Ich bin Deutschlehrerin. Ich ______ langsam sprechen.

6 Im Deutschkurs. Ergänzen Sie das Verb *können*.

1. ◖ ______ Sie das bitte wiederholen?
   ◖ Ja, das ______ ich: Bankkauffrau, die Bankkauffrau.
2. ◖ ______ du bitte langsam sprechen? Wir ______ dich nicht verstehen.
   ◖ O. k., ich wiederhole es noch einmal.
3. ◖ Tim ______ schon sehr gut Deutsch.
   ◖ Ja, und er ______ auch Französisch.
4. ◖ ______ Sie das bitte an die Tafel schreiben? ◖ Ja, klar.
5. ◖ Und Hausaufgabe bis morgen ist ...
   ◖ Ich ______ heute keine Hausaufgaben machen, ich muss arbeiten.

7 Was wollen wir heute machen? Schreiben Sie Sätze mit dem Verb *wollen*.

1. ich – heute fernsehen Ich will ______
2. wir – Fußball spielen ______
3. Mona – zu Hause Musik hören ______
4. ihr – ins Kino gehen? ______
5. du – einen Tanzkurs machen? ______

8 Die Verben *können, müssen* und *wollen*. Ergänzen Sie.

	können	**müssen**	**wollen**
ich			
du			
er / es / sie			
wir			
ihr			
sie / Sie			

9 Ergänzen Sie.

1. reparieren – muss Ich ________ das Auto ____________________.
2. will – frühstücken Marta ________ jetzt ____________________.
3. kochen – können Wir ________ gut ____________________.
4. Kannst – sprechen ________ du Englisch ____________________?

10 *Wollen* oder *müssen*? Ergänzen Sie.

1.

2.

3.

4.

11 *Können* oder *müssen*? Schreiben Sie Sätze.

1. Frau Meier ist Briefträgerin. (früh aufstehen / draußen sein)

   Sie muss früh aufstehen, aber sie kann ____________________

2. Herr Weber ist Koch. (auch in der Nacht arbeiten / am Vormittag lange schlafen)

   ____

3. Herr Deutz ist Taxifahrer. (viel Auto fahren / Musik hören)

____

4. Frau Dörflein ist Sekretärin. (viel telefonieren / bei der Arbeit Kaffee trinken)

____

12 *Müssen, können* oder *wollen*? Ergänzen Sie.

1. ◖ ________ ich bitte ein Eis haben?
   ◖ Ja, aber zuerst ________ du dein Zimmer aufräumen.
   ◖ Dann ________ ich kein Eis!
2. ◖ ________ du einen Kaffee?
   ◖ Ja. ________ du mir bitte Milch geben?
   ◖ Hier. ________ du auch Zucker haben?
   ◖ Nein, danke.
3. ◖ ________ Sie Italienisch sprechen?
   ◖ Nein, aber ich ________ einen Sprachkurs machen. Und Sie? ________ Sie Italienisch?
   ◖ Ein bisschen, ich ________ noch viel lernen.

13 Was passt? Ordnen Sie zu.

Ich will viel Geld 1 ○	○ A reisen.
Ich will Karriere 2 ○	○ B verdienen.
Ich will oft 3 ○	○ C arbeiten.
Ich will im Team 4 ○	○ D machen.

14a Welche Berufe haben die Leute? Hören und schreiben Sie. 43

Stella Lutter	Per Kujat	Franka Stein
________	________	________

14b Hören Sie noch einmal. Kreuzen Sie an: richtig oder falsch? 43

	R	F
1. Stella Lutter muss um 19 Uhr im Restaurant sein.	○	○
2. Per Kujat verdient gut.	○	○
3. Franka Stein arbeitet nicht gern draußen.	○	○

15 Schreiben Sie die Sätze mit *nicht*.

1. Wir können am Vormittag arbeiten. *Wir können nicht am Vormittag arbeiten.*
2. Sie will mit den Händen arbeiten. ________
3. Ich will alleine arbeiten. ________
4. Er muss viel telefonieren. ________

16 Was müssen, können, wollen Sie bei Ihrer Arbeit machen? Schreiben Sie drei Sätze.

____

____

____

B Ein Tag im Leben von Martina Steinert

17 Was macht Frau Müller? Ordnen Sie zu.

Sie ist beim Friseur. – Sie geht zur Arbeit. – Sie kommt von der Arbeit. – Sie geht zum Friseur. – Sie ist bei der Arbeit. – Sie ist zu Hause.

1. ______________

2. ______________

3. ______________

4. ______________

5. ______________

6. ______________

18 Welche Präposition passt? Kreuzen Sie an.

1. Benjamin geht ○ aus ○ zu den Kollegen.
2. Er geht ○ bei ○ mit den Kindern einkaufen.
3. Ich gehe jeden Tag um halb neun ○ aus ○ zu dem Haus.
4. Sabrina macht ○ bei ○ nach der Schule Hausaufgaben.

19 Dativ. Ergänzen Sie die Artikel.

mit *dem /* ________ Mann — mit ________ */ einem* Kind

mit ________ */ einer* Frau — mit ________ */ –* Menschen

20 Ergänzen Sie die Artikel im Dativ.

1. ◖Was machst du nach d___ Schule? ◖Ich fahre zu ein___ Freund.
2. ◖Bist du von d___ Arbeit zurück? ◖Ja, aber ich habe noch einen Termin mit ein___ Kollegin.
3. ◖Warst du schon bei___ Arzt? ◖Nein, ich gehe nach d___ Mittagessen.
4. ◖Woher kommst du? ◖Von d___ Post und ich muss gleich noch zu___ Supermarkt.

21 Wo? Woher? Wohin? Schreiben Sie Antworten.

1. Wo ist Susanne?

Beim Chef.

(der Chef)

2. Wohin geht Mika?

______

(die Schule)

3. Wo sind die Kinder?

______

(die Großeltern)

4. Woher kommt Sabine?

______

(das Fitnessstudio)

5. Wohin geht Sabrina?

______

(eine Freundin)

6. Woher kommt Oleksander?

______

(ein Freund)

22 Welche Präposition passt? Ergänzen Sie.

aus – bei – zu – zum – mit – nach – vom

Der Samstag ______ Familie Usta

Frau Usta putzt ______ den Kindern die Küche und das Badezimmer. Herr Usta geht ______ Supermarkt und kauft ein. Um elf Uhr kommt Herr Usta ______ Supermarkt zurück. ______ dem Mittagessen schlafen Herr und Frau Usta eine Stunde. Am Nachmittag gehen sie ______ Freunden. Die Freunde kommen auch ______ der Türkei.

23a Wo? Wohin? Ergänzen Sie *in* oder *nach*.

Wo? in Berlin, ______ Deutschland   Wohin? ______ Berlin, ______ Deutschland

23b Ergänzen Sie *in* oder *nach*.

1. ◖ Wo wohnt Iliana? ◖ Sie wohnt ______ Sofia. Das liegt ______ Bulgarien.
2. ◖ Wohin fährst du? ◖ Ich fahre ______ China.
3. ◖ Fahren Sie ______ Zürich? ◖ Nein, ______ Wien. Ich war schon ______ Zürich.

C Rund ums Geld

24 Bei der Bank. Ergänzen Sie die Sätze mit den Wörtern im Kasten.

Girokonto – Geldautomaten – Bankleitzahl – Kontonummer – Kontoauszug – EC-Karte – Überweisungsformular

1. Mit einem ______________________ kann ich Rechnungen bezahlen.
2. Der Basketballverein hat die ______________________ 141 065 77 69.
3. Die Berliner Sparkasse hat die ______________________ 100 500 00.
4. Ich habe bei der Bank ein ______________________.
5. Herr Kuhn holt bei der Bank einen ______________________.
6. Mit der ______________________ kann ich Geld am ______________________ abheben.

25a Bei Familie Kuhn. Hören Sie den Dialog. Kreuzen Sie an: richtig oder falsch? 44

	R	F
1. Stephanie geht einkaufen.	○	○
2. Thomas muss Geld abheben.	○	○
3. Die Kita hat bei der Berliner Volksbank ein Konto.	○	○

25b Hören Sie weiter. Ergänzen Sie das Überweisungsformular. 45

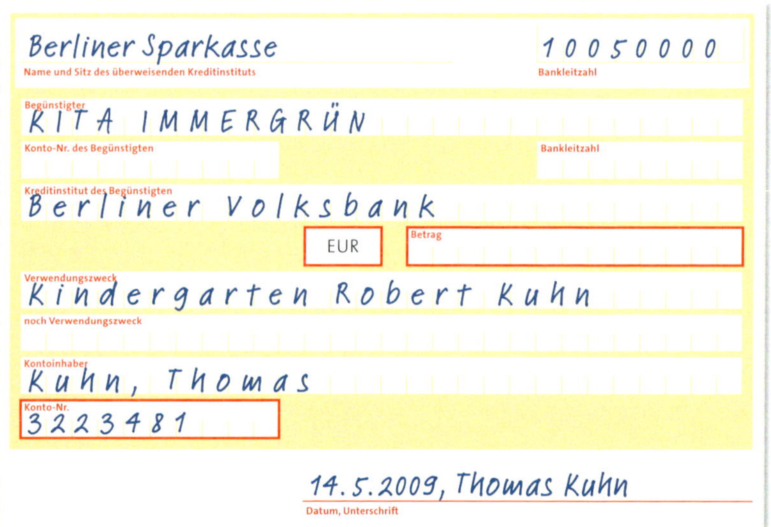
Berliner Sparkasse
Name und Sitz des überweisenden Kreditinstituts
10050000
Bankleitzahl
Begünstigter
KITA IMMERGRÜN
Konto-Nr. des Begünstigten
Bankleitzahl
Kreditinstitut des Begünstigten
Berliner Volksbank
EUR
Betrag
Verwendungszweck
Kindergarten Robert Kuhn
noch Verwendungszweck
Kontoinhaber
Kuhn, Thomas
Konto-Nr.
3223481
14.5.2009, Thomas Kuhn
Datum, Unterschrift

26 Flüssig sprechen. Hören Sie zu und sprechen Sie nach. 46

1. sprechen. – zwei Sprachen sprechen. – Frau Kuhn kann zwei Sprachen sprechen.
2. Sprachen lernen. – noch mehr Sprachen lernen. – Sie will noch mehr Sprachen lernen.
3. einen Kurs machen. – in ihrer Sprachschule einen Kurs machen. – Sie kann in ihrer Sprachschule einen Kurs machen.
4. nicht bezahlen. – den Kurs nicht bezahlen. – Sie muss den Kurs nicht bezahlen.

27a Beruf: Programmiererin. Ordnen Sie die Textteile.

- 1 **A** Astrid Steinberg ist Programmiererin. Sie arbeitet bei einer
- ◯ **B** Kunden und Astrid Steinberg hat oft viel Stress.
- ◯ **C** Computerprogramme. Die Firma hat viele
- ◯ **D** Computerfirma. Sie beginnt morgens um neun. Sie muss oft
- ◯ **E** bis spät abends arbeiten. Sie schreibt

27b Beruf: Taxifahrer. Schreiben Sie mit den Stichworten einen Text.

Daniel Bach – Taxifahrer – in Duisburg wohnen und arbeiten – in der Nacht und am Wochenende arbeiten – in der Nacht gern fahren

____

____

____

28a Lesen Sie die Stellenanzeigen und ordnen Sie die Berufe zu.

Arzt / Ärztin – Taxifahrer – Koch / Köchin – Programmierer/in

1 Für unsere Kinderarztpraxis suchen wir eine/n

▶ ______________________________

Arbeitszeit: Montag, Mittwoch, Donnerstag 8.00–12.30 Uhr

Kinderarztpraxis Jurgeit

Bismarckstraße 79
37085 Göttingen
Tel.: 0551 45 13 760

3 **Gesucht:**

▶ ______________________________ (m/w)

für Nacht- und Wochenendfahrten.

Reisedienst Schweiger

Linkenstr. 12
79312 Emmendingen
Tel.: 07641 / 155 355

2 **ABC-Software sucht**

eine/n ▶ ______________________________

Sie entwickeln Computerprogramme, reparieren Computer und beraten Kunden.
Vollzeit, flexible Arbeitszeiten.

Bewerbungen per E-Mail an: j.kindler@abc-software.de

4 Pizzeria Romana – Main-Taunus-Zentrum – Sulzbach/Taunus

▶ ______________________________

*für unsere **Pizzeria im Main-Taunus-Zentrum** ab sofort gesucht.*
Arbeitszeit: 5-Tage-Woche, 10–18 Uhr

Interessenten melden sich bitte ab Samstag, den 19.10. unter ☎ 069 / 317 435 91 bei unserem Restaurantmanager.

28b Lesen Sie die Stellenanzeigen noch einmal und ergänzen Sie die Tabelle.

	Anzeige 1	Anzeige 2	Anzeige 3	Anzeige 4
Beruf				
Firma				
Adresse				
Telefon				
Arbeitszeit				

Wichtige Wörter

Bank, die, -en	
Kellner, der, -	
Kellnerin, die, -nen	
A müssen, er muss	
1a Laden, der, ¨-	
seit	
bestellen	
bedienen	
Arbeitstag, der, -e	
lang	
öffnen	
schließen	
Arbeitszeit, die, -en	
Kontakt, der, -e	
mit	
beraten, er berät	
wechseln	
helfen, er hilft	
Problem, das, -e	
Überweisung, die, -en	
kontrollieren	
Kasse, die, -n	
Formular, das, -e	
unterschreiben	
an|nehmen, er nimmt an	
Anmeldung, die, -en	
wollen, er will	
können, er kann	
langsam	
Geld, das	
4 studieren	
Rechnung, die, -en	
5 verdienen	
draußen	
drinnen	
zu Hause	
alleine	
Büro, das, -s	
telefonieren	
reisen	
6 Urlaub, der	
erklären	
grillen	
B Leben, das, -	
1a zu	
Vormittag, der, -e	
Mittagspause, die, -n	
Kollege, der, -n	
Kollegin, die, -nen	
Termin, der, -e	
Chef, der, -s	
Chefin, die, -nen	
aus	
bei	
nach	
von	
5 wohin	

Hạltestelle, die, -n ______

6 gẹstern ______

c Kọnto, das, Konten ______

1a Gẹldautomat, der, -en ______

EC̲-Karte, die, -n ______

Kọntoauszug, der, ¨-e ______

Kọntonummer, die, -n ______

Bạnkleitzahl, die, -en ______

1b überwe̲isen ______

2b Bạnkverbindung, die, -en ______

______

______

______

Wörter lernen

29 Sammeln Sie Wörter zum Thema Arbeit.

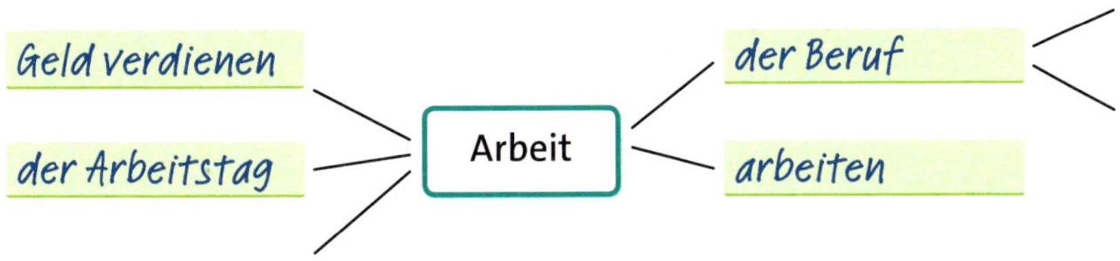

30 Was passt? Ordnen Sie zu. Es gibt mehrere Möglichkeiten.

bezahlen – ausfüllen – überweisen – holen – verdienen – wechseln – unterschreiben

i Lernen Sie Nomen und Verben zusammen.

1. Geld ______
   ______
2. das Formular ______
3. den Kontoauszug ______
4. die Rechnung ______

31 Wörter hören und nachsprechen. Hören Sie zu und sprechen Sie nach. 47

1. das Problem – das Formular – der Termin
2. der Kollege – die Kollegin – der Chef – die Chefin
3. Geld überweisen – Geld wechseln – Geld verdienen
4. der Geldautomat – das Girokonto – die EC-Karte – die Kontonummer

Station 2

1a Lesen Sie und ergänzen Sie.

Ich kann auf Deutsch

✔ ○

1. über Hobbys sprechen ○ ○

spiele – finde – Hobby – machst – surfe – höre

- Was ist dein ____________?
- Ich ____________ gern Fußball und ____________ gern im Internet. Und was ____________ du gern?
- Ich ____________ gern Musik.
  Ich ____________ Fußball langweilig.

2. Zeitangaben verstehen ○ ○

Wie spät ist es?

Es ist ____________   ____________   ____________

3. Termine machen und mich verabreden ○ ○

- Wann gehen wir ins Kino?
- ________ Freitag oder ________ Samstag.
- Gut, ________ Freitag geht es. Und ______ wie viel Uhr?
- ________ sechs Uhr.
- Geht es auch ________? ________ sieben?
- O. k., dann ________ morgen.

4. sagen, was ich jeden Tag mache ○ ○

treffe – fängt ... an – gehen – machst

- Was ____________ du morgen?
- Ich habe meinen Deutschkurs.
  Er ____________ um neun Uhr ________.
- Und am Nachmittag?
- Da ____________ ich Freunde. Wir ____________ essen.

5. sagen, was ich gern esse und trinke ○ ○

Was essen Sie gern?

____

____

Was trinken Sie gern?

____

____

Was essen und trinken Sie nicht gern?

____

____

6. Einkaufsdialoge führen ○ ○

- Guten Tag, ich ________________ zwei Kilo Kartoffeln.
- Darf es noch etwas sein?
- Wie viel ________________ die Tomaten?
- 2,49 € das Kilo.
- Dann ________________ ich ein Pfund.

7. über meine Arbeit sprechen ○ ○

Ich bin ________________ von Beruf und arbeite

bei ________________. Ich finde meine Arbeit ________________.

Ich arbeite von ______________ Uhr bis ______________ Uhr.

8. sagen, was ich im Beruf oder bei der Arbeit (nicht) kann oder (nicht) will ○ ○

Ich kann ___________________________________

Ich kann nicht ______________________________

Ich will ____________________________________

Ich will nicht _______________________________

zu Hause arbeiten – viel verdienen – Karriere machen – am Wochenende arbeiten – ...

9. sagen, wo ich bin und wohin ich gehe ○ ○

- Woher kommst du?
- __________ Friseur. Wo warst du?
- Ich war __________ Arzt. Ich muss jetzt noch ________ Bank gehen und Geld holen.

1b Kontrollieren Sie mit den Lösungen auf S. 83 und markieren Sie ✔ für *kann ich* und ○ für *kann ich nicht so gut.*

Hörtexte

Hier finden Sie alle Hörtexte, die nicht oder nicht vollständig im Arbeitsbuch abgedruckt sind.

LEKTION 1 Willkommen!

4

- Guten Tag! Ich heiße Gülay Usta. Wir sind neu hier.
- Entschuldigung, wie heißen Sie?
- Usta, Gülay Usta. Und Sie?
- Mein Name ist Elena Brodsky.

10

1. - Guten Morgen, Herr Schmidt!
   - Guten Morgen, Frau Schuster. Wie geht es Ihnen?
   - Oh, danke gut. Und Ihnen?
   - Ach, es geht.
2. - Also tschüss, ich gehe dann.
   - Tschüss, Carlo, bis bald.
   - Ja, bis bald.
3. - Hallo, Werner! Wie geht es dir?
   - Hallo, Anca. Gut und dir?
   - Auch gut, danke.
4. - Also dann, auf Wiedersehen, Herr Malinkowski!
   - Auf Wiedersehen, Frau Winzer.

13

- Guten Tag, wie heißen Sie?
- Guten Tag, mein Name ist Sergej Brodsky.
- Wie geht es Ihnen, Herr Brodsky?
- Danke, gut. Und Ihnen?
- Es geht, danke.

22

1. - Wo lernst du Deutsch?
   - In der VHS.
   - VHS? Was ist das?
   - Volkshochschule.
2. - Was hast du da?
   - Das ist eine CD von ABBA.
3. - Wie heißt das Auto?
   - Das ist ein VW Passat.
4. - Das ist mein Auto.
   - Toll, ein BMW!
5. - Den Film „Kung Fu Panda" gibt es jetzt auf DVD.
   - Oh, schön!

23

1. - Wie heißen Sie?
   - Katherine Häringer.
   - Katherine ... äh ... wie bitte?
   - Moment, ich buchstabiere: H - ä - r - i - n - g - e - r.
   - Frau Häringer, woher kommen Sie?
   - Ich komme aus Dapaong in Togo.
   - Dapaong? Wie schreibt man das?
   - D - a - p - a - o - n - g.
2. - Ich bin Akira Narazaki.
   - Akira ...?
   - Narazaki. N - a - r - a - z - a - k - i.
   - Woher kommen Sie?
   - Ich komme aus Kyoto in Japan.
   - Mit y? K - y - o - t - o?
   - Ja, das ist richtig.
3. - Wie ist Ihr Name?
   - Matthew Smith.
   - Matthew? Wie schreibt man das?
   - M - a - t - t - h - e - w.
   - Woher kommen Sie?
   - Ich komme aus Wellington in Neuseeland. W - e - l - l - i - n - g - t - o - n, Wellington.
4. - Wie heißen Sie?
   - Deborah Evanilson.
   - Evanilson. E - v - a - n - i - l - s - o - n?
   - Ja, das ist richtig.
   - Woher kommen Sie?
   - Aus Fortaleza in Brasilien.
   - Fortaleza. Wie schreibt man das? Buchstabieren Sie, bitte.
   - F - o - r - t - a - l - e - z - a.
   - Vielen Dank.

25

1. ◖ Herr Brodsky, wie ist Ihre Postleitzahl?
   ◖ 10585.
   ◖ 10585?
   ◖ Ja.
2. ◖ Wie ist die Postleitzahl von Homberg?
   ◖ 02664.
   ◖ 02665?
   ◖ Nein, 02664.
3. ◖ Anna, wie ist deine Adresse?
   ◖ Ludwigstraße 60, 09119 Chemnitz.
   ◖ Wie ist die Postleitzahl? 09191?
   ◖ Nein, 09119.
4. ◖ Und Ihre Adresse, Herr Müller?
   ◖ Meine Adresse ist Südgraben 3, Iserlohn.
   ◖ Und die Postleitzahl?
   ◖ 58636.
   ◖ Danke.

31

◖ Guten Tag, ich heiße Finn Bruggner. Ich möchte mich für den Kurs Deutsch als Fremdsprache B1 anmelden.
◖ Einen Moment, bitte. Bruggner – wie schreibt man das?
◖ B - r - u - g - g - n - e - r, Finn.
◖ Finn ... mit zwei N?
◖ Ja, F - i - n - n.
◖ Wo wohnen Sie?
◖ Die Adresse ist Mittelweg 20, in 70469 Stuttgart.
◖ Und Ihre Telefonnummer?
◖ Meine Telefonnummer ist 0711/84 63 41. Brauchen Sie auch mein Herkunftsland?
◖ Ja und auch Ihren Beruf, wenn Sie wollen.
◖ Ich komme aus Russland. Ich bin Arzt.

LEKTION 2 Alte Heimat, neue Heimat

13

1. ◖ Hast du die Telefonnummer von Ulrike?
   ◖ Ja, Moment ... Die Nummer ist 089/45 67 37 1.
2. ◖ Wie ist Ihre Telefonnummer?
   ◖ Ich habe die Telefonnummer 21 42 79 26.
3. ◖ Wie ist deine Handynummer?
   ◖ 0152/23 71 29.
   ◖ Wie bitte? 92?
   ◖ Nein, 29.
4. Die gewünschte Nummer ist 071/58 32 97 14.

14

1. 14 + 3 = 17
2. 25 – 9 = 16
3. 144 – 34 = 110
4. 78 + 18 = 96

15b

5 – 58 – 22 – 76 – 15 – 30 – 12 – 83

16

1. ◖ Wie ist die Vorwahlnummer von Essen?
   ◖ Die Vorwahl von Essen? Ich denke, die 0201.
2. ◖ Wie ist die Telefonnummer von Thomas?
   ◖ 57 89 32.
   ◖ Und die Vorwahl von Wien?
   ◖ 01, Wien hat die 01.
3. ◖ Welche Vorwahlnummer hat Mainz?
   ◖ Hm, warte ...
   Ja, hier steht es: Mainz – 06131.
   ◖ 0631?
   ◖ Nein, 06131.
4. ◖ Sag mal, wie ist die Vorwahlnummer von Dresden?
   ◖ Dresden hat die 0351.

18

◖ Wie viel kostet der Stuhl?
◖ Der Stuhl kostet 199 Euro.

◖ Wie viel kostet der Schreibtisch?
◖ 245 Euro.

◖ Die Lampe kostet 187 Euro.
◖ Hm, das ist aber teuer!

◖ Wie viel kostet die Uhr?
◖ Sie kostet 35 Euro.

◖ Das Bild kostet 2.635 Euro.
◖ Ja, aber es ist schön!

LEKTION 3 Meine Wohnung

9a

- Also, wir haben schon eine Spülmaschine und einen Fernseher. Im Wohnzimmer fehlt aber noch ein Regal.
- Ja, dann kaufen wir das Regal bei Möbel Barth. Dort sind Regale nicht so teuer.
- Gut. Wir brauchen auch noch Blumen und wir haben kein Sofa. Das Wohnzimmer ist nicht schön.
- Ja, das ist richtig. Aber wir haben schon zwei Sessel und die Kommode ist auch da. In der Küche fehlen auch noch die Stühle und der Herd. Ach, wir brauchen noch sehr viel.

20a+b

- Wie findest du das Zimmer, Markus?
- Also ich weiß nicht ... Der Tisch ist ganz schön, aber die Sessel und das Sofa finde ich hässlich.
- So? Ich finde die Sessel und das Sofa gut. Sie sind modern und gemütlich.
- Und das Bild?
- Das finde ich furchtbar.
- Ja, das stimmt. Aber die Regale sind schön.
- Ja, und auch die Kommode ist schön.
- Na ja, die Kommode ist nicht schlecht ...

23

Guten Tag, ich heiße Josef Müller. Meine Frau und ich wohnen in Hannover, in der Südstraße 17. Wir haben eine 3-Zimmerwohnung. Das Haus hat drei Stockwerke und sechs Wohnungen. Wir wohnen im Erdgeschoss. Die Wohnung ist schön. Sie hat keinen Balkon, aber eine Terrasse.

29b+c

- Also, Jan, brauchst du jetzt eine Lampe oder nicht?
- Ich habe genug Lampen, ich brauche keine.
- Gut, dann sparen wir Geld. Aber du brauchst einen Schrank und ein Bett.
- Ja, ein Bett brauche ich. Wie findet ihr das Bett hier? Es ist billig.
- Ja, 350 Euro sind o.k. Wir kaufen das Bett.
- Prima, und jetzt noch einen Schrank. Seht mal hier, der Schrank dort ist schön.
- Aber 500 Euro! Das ist viel.
- Hm, aber ich finde den Schrank sehr schön. Ich habe eine Idee: Ich bezahle 150 Euro und ihr bezahlt 350 Euro.
- Gut. Das machen wir.
- Also, der Schrank ist nicht schön! Er ist hässlich.
- Ich finde den Schrank aber schön. Und ich brauche einen Schrank, nicht du, Mama! Dann fehlt noch der Schreibtisch.
- Ja, aber den kaufen wir nicht hier. Bei Möbel Bertolt sind jetzt Schreibtische im Angebot. Das machen wir morgen.

LEKTION 4 Meine Familie

1

Laura Kuhn:
Thomas ist mein Vater und Stephanie ist meine Mutter. Ich habe zwei Brüder, sie heißen Robert und Tobias. Klara ist meine Großmutter und Wilhelm ist mein Großvater. Sie haben immer viel Zeit, das finde ich toll!
Tobias Kuhn:
Laura ist meine Schwester. Ich habe auch noch einen Bruder. Er heißt Robert. Stephanie und Thomas sind meine Eltern. Und Klara und Wilhelm sind meine Großeltern.

4

1. - Wer ist das?
   - Das hier ist mein Onkel Martin und das ist meine Tante Bianca.
   - Und die Kinder?
   - Links, das ist meine Cousine Caroline. Und rechts, das ist mein Cousin Marc.
2. - Wer ist das?
   - Das ist mein Bruder Peter und das sind seine drei Kinder, also meine Nichten Hanna und Charlotte und mein Neffe Florian.

15b+c

- Was machen wir am Wochenende?
- Also, zuerst kaufen wir Lebensmittel, dann frühstücken wir und danach besichtigen wir die Stadt.

- Hat Bremen viele Sehenswürdigkeiten?
- Natürlich! Es gibt zum Beispiel den Roland und die Böttcherstraße. Die besichtigen wir.
- Hat Bremen nur zwei Sehenswürdigkeiten?
- Nein. Es gibt auch noch den Hafen, das Schnoorviertel ...
- Einen Hafen? Das finde ich interessant. Dann machen wir eine Hafenrundfahrt!
- Na ja, der Hafen ist klein. Ich finde Hafenrundfahrten langweilig.
- Gut, dann machen wir keine Hafenrundfahrt und besuchen das Schnoorviertel.
- Ja, das machen wir. Das Schnoorviertel ist sehr interessant.

LEKTION 5 Mein Tag, meine Woche

2

1. Ich bin Peter. Sie fragen, was mein Hobby ist? Also, ich spiele gern Fußball. Aber Joggen finde ich langweilig. Und wir joggen viel beim Training. Leider!
2. Ich heiße Martin, Rolf Martin. Ich lese gern Bücher. Am Wochenende lese ich immer viel. Das Internet finde ich langweilig. Ich surfe nicht gern im Internet.
3. Ich heiße Barbara Hansen. Mein Mann und ich tanzen gern. Wir machen einmal pro Woche einen Tanzkurs und gehen auch gern am Wochenende tanzen.
4. Also, ich bin Birgit und ich habe viele Hobbys: Ich höre gern Musik, ich koche gern und ich surfe gern im Internet. Aber ich gehe nicht gern wandern.

6a

1. - Wann beginnt der Film?
   - Ich glaube, um Viertel nach acht.
2. - Beginnt das Fußballspiel um sechs Uhr?
   - Nein, um halb sieben.
3. - Wann beginnt das Fest?
   - Um halb zehn. Wir haben noch Zeit.

25

- Hast du heute Zeit?
- Ja, was machen wir?
- Gehen wir zusammen joggen?
- Gern, wann?
- Vielleicht heute Abend um sechs Uhr?
- Geht es auch später?
- Dann um sieben Uhr.
- Ja, das geht. Bis später!

27

- Katja Schulze. Ja, bitte?
- Hallo Katja, hier ist Marina.
- Marina, hallo! Wie geht es dir?
- Ja, mir geht es gut. Hör mal, ich bin jetzt ein paar Tage in Köln. Hast du heute Abend Zeit?
- Nein, leider nicht. Aber morgen Abend habe ich Zeit.
- Hm, morgen ist Donnerstag. Schade, da geht es nicht. Ich treffe Paul und Martin. Und am Freitagabend? Am Samstag fahre ich schon wieder zurück nach Bremen.
- Mal sehen ... Ja, Freitag ist o.k. Gehen wir essen?
- Ja, gern. Und wo?
- In der Lindenstraße ist eine Pizzeria. Sagen wir um acht Uhr?
- Gut, dann bis Freitagabend. Tschüss.

30

- Jochen, was machen wir am Wochenende?
- Ach, ich weiß nicht, Franka. Die Angebote sind so langweilig.
- Und das Fußballspiel Hertha gegen Köln? Du findest doch Fußball interessant.
- Ja, aber Köln ist nicht interessant.
- Am Abend gibt es ein Konzert in der Philharmonie. Wie findest du das? Ich höre gern Klavierkonzerte.
- Du weißt, ich höre auch gern Musik, aber Klaviermusik? Ich habe keine Lust.
- O. k., dann ist noch das Filmmuseum da.
- Ja, das ist sicher gut, aber am Sonntag habe ich keine Zeit.
- Und am Samstag?
- Ja, gern. Gehen wir am Nachmittag? Sagen wir um 15 Uhr?
- Gut. Dann gehen wir ins Museum und danach gehen wir essen.
- Ja. Ich kenne ein China-Restaurant. Das ist sehr gut.

LEKTION 6 Guten Appetit!

15

Meine Damen und Herren! Heute haben wir für Sie im Angebot: ein Becher Natur- oder Frucht-Joghurt für nur 0,49 Cent und 100 g Fleischwurst für nur 1,19 €! Eine Tafel Schokolade bekommen Sie heute schon für 0,59 €. Und in unserer Bäckerei ist Apfelkuchen im Angebot: 3 Stück für nur 2,40 €.

16

1. ◖ Guten Tag, was darf es sein?
   ◖ Ein Bauernbrot, bitte.
   ◖ Haben Sie noch einen Wunsch?
   ◖ Ja. Noch fünf Brötchen, bitte.
   ◖ Ein Bauernbrot, fünf Brötchen. Ist das alles?
   ◖ Ja, das ist alles.
2. ◖ Ja, bitte?
   ◖ Haben Sie Erdbeeren?
   ◖ Natürlich, 500 g Erdbeeren kosten nur 2,99 €.
   ◖ Dann geben Sie mir bitte 500 g.

19

◖ Was darf es sein?
◖ Ich hätte gern sechs Brötchen.
◖ Ja, gern.
◖ Und noch ein Bauernbrot, bitte.
◖ Sonst noch etwas?
◖ Nein danke, das ist alles.
◖ Das macht dann zusammen 3,60 €.
◖ Hier, bitte. Danke und auf Wiedersehen!

24a

◖ Herr Mattuschek, was essen Sie zum Frühstück?
◖ Ich esse oft Brot mit Marmelade.
◖ Und was trinken Sie?
◖ Am Morgen trinke ich immer Kaffee.
◖ Und Sie, Frau Pohl? Was essen Sie heute zum Mittagessen?
◖ Ich esse eine Suppe und dazu einen Salat.
◖ Robert, was isst du zum Abendessen?
◖ Ich esse immer zwei Brote mit Wurst und manchmal Tomaten.
◖ Und was trinkst du?
◖ Tee oder Apfelsaft.

LEKTION 7 Meine Arbeit

14

1. Meine Arbeit fängt um 18 Uhr am Abend an. Ab 19 Uhr kommen viele Leute, denn sie wollen essen. Dann habe ich viel Arbeit. Leider verdiene ich sehr wenig.
2. Ich arbeite immer am Vormittag in einer Grundschule. Die Kinder sind 6 bis 10 Jahre alt. Sie lernen schreiben, lesen und rechnen. Ich verdiene nicht schlecht, die Arbeit ist aber manchmal nicht leicht. Die Kinder hören manchmal nicht und ich muss oft am Nachmittag und am Abend arbeiten.
3. Ich fange schon sehr früh an. Zuerst sortiere ich die Post, dann bringe ich sie zu den Leuten. Die Arbeit ist gut, ich bin viel draußen und das ist schön. Manchmal habe ich aber auch Probleme: Ich kann die Adressen schlecht lesen oder es ist sehr kalt.

25a

◖ Stephanie, ich gehe jetzt einkaufen.
◖ Gut, Thomas, aber zuerst musst du zur Bank gehen. Wir brauchen Geld.
◖ O. k., ich hebe 200 Euro ab.
◖ Und wir müssen noch 150 Euro für die Kita von Robert überweisen.
◖ Hast du die Bankverbindung von der Kita?
◖ Ja, die ist hier. Die Bankleitzahl ist 100 900 00 bei der Berliner Volksbank und die Kontonummer ist 2 5 7 3 4 1 8.

25b

◖ Wie bitte? Kannst du das noch einmal wiederholen?
◖ Also: Bankleitzahl 100 900 00, Berliner Volksbank, Kontonummer 2 5 7 3 4 1 8.
◖ Und ich muss 150 Euro überweisen. Richtig?
◖ Ja, 150 Euro.

Lösungen

LEKTION 1 Willkommen!

1
- Guten Tag, mein Name ist Erik Wagner. Wie heißen Sie?
- Ich heiße Oleg Gutman. Und Sie?
- Ich bin Anna Mendes.

2
1. A, D, E – **2.** B, C

3
Name – heiße – Woher – komme

4
- Guten Tag. Ich heiße Gülay Usta. Wir sind neu hier.
- Entschuldigung, wie heißen Sie?
- Usta, Gülay. Und Sie?
- Mein Name ist Elena Brodsky.

5a
Wie – Woher – Wo

5b
1. Wer ist das?
2. Wie heißen Sie?
3. Woher kommen Sie?

6
1. Mein Name ist Georg.
2. Woher kommen Sie?
3. Ich heiße Tamara. Ich komme aus der Ukraine. Ich wohne schon lange hier.

7
Wie heißen Sie?
Woher kommen Sie?
Wer ist das?

8
1.
   - Guten Tag, Frau Krüger.
   - Guten Tag. Wie geht es Ihnen, Herr Bloch?
   - Gut, und Ihnen?
   - Danke, es geht.
2.
   - Hallo, Felix! Wie geht es dir?
   - Gut. Und Dir?
   - Danke, es geht.

9
1. Guten Tag, wie heißen Sie?
2. Mein Name ist Dieter Maenner. Ich komme aus Frankfurt.
3. Auf Wiedersehen, Frau Blaschke. Bis morgen.

10
A: Dialog 1, Dialog 3 – **B:** Dialog 2, Dialog 4

11
1. Hallo – geht – Danke
2. Guten – Ihnen – geht – Wiedersehen

12
A: Guten Tag. – Hallo. – Guten Morgen.
B: Wer sind Sie? – Wie heißt du? – Wie heißen Sie?
C: Auf Wiedersehen! – Tschüss.

14
du – Sie – Sie – ihr

15a
du lernst – ich komme – wir wohnen – ihr macht – Sie heißen

15b
machen: ich mache – du machst – wir machen – ihr macht – Sie machen
wohnen: ich wohne – du wohnst – wir wohnen – ihr wohnt – Sie wohnen
lernen: ich lerne – du lernst – wir lernen – ihr lernt – Sie lernen
kommen: ich komme – du kommst – wir kommen – ihr kommt – Sie kommen
heißen: ich heiße – du heißt – wir heißen – ihr heißt – Sie heißen

16
1. Wie heißt du? Ich heiße Tim.
2. Was macht ihr? Wir lernen Deutsch.
3. Wo wohnen Sie? Ich wohne in Berlin.

17
1. Wie heißen Sie? Ich heiße Florine Biermann.
2. Was macht ihr? Wir lernen Deutsch.
3. Was machst du? Ich mache Hausaufgaben.
4. Wo wohnen Sie? Ich wohne in Jena.

18
ich bin – du bist – er ist – wir sind – ihr seid – Sie sind

19
1. Wer bist du? Ich bin Marilyn.
2. Wer seid ihr? Wir sind Charlie und Elvis.
3. Und wer sind Sie? Ich bin Albert Einstein.

20
1. Woher kommt ihr? Wir kommen aus dem Iran.
2. Wie ist Ihr Name? Ich heiße Joachim Weigelt.
3. Was lernst du? Ich lerne Englisch.
4. Wo wohnen Sie? Ich wohne in München.

21
A B C D E F G H I J K L M N O P Q R S T U V W X Y Z

22
VW – VHS – CD – BMW – DVD

23
2. Name: Akira Narazaki – Stadt: Kyoto
3. Name: Matthew Smith – Stadt: Wellington
4. Name: Deborah Evanilson – Stadt: Fortaleza

24
sechs – eins – elf – dreizehn – fünf – zwei – zwanzig

25
1. 10585 – **2.** 02664 – **3.** 09119 – **4.** 58636

26
Taxifahrer/in – Friseur/in – Sekretärin – Tischler/in – Koch/Köchin – Arzt/Ärztin

27
1. Taxifahrer – **2.** Ärztin – **3.** Verkäufer – **4.** Lehrerin – **5.** Koch – **6.** Friseur

28
1. Wie heißen Sie? / Wie heißt du?
2. Was sind Sie von Beruf? / Was bist du von Beruf?
3. Woher kommen Sie? / Woher kommst du?

29a
heiße/bin – komme – bin – bin – spreche

31a
Bild links

31b
Name: Bruggner – Vorname: Finn – PLZ: 70469 – Land: Russland – Beruf: Arzt

32
Sehr gut. – Gut. – Es geht. – Schlecht.

33 *Beispiel:*
machen: Was machst du? – Ich mache Hausaufgaben.
lernen: Was lernst du? – Ich lerne Deutsch.
wohnen: Wo wohnt ihr? – Wir wohnen in Köln.
kommen: Woher kommt er? – Er kommt aus Polen.

34 *Beispiel:*
Name: Mein Name ist Monika Maier.
Ich bin Rüdiger Ertl.
Ich heiße Tom Eismann.
Wer ist das?
Wie schreibt man das?
Beruf: Ich bin Taxifahrer von Beruf.
Ich bin Ärztin.
Was sind Sie von Beruf?
Verkäufer gesucht!
Lehrer/in, Verkäufer/in, Sekrekretär/in, Koch / Köchin

35

Wie: Wie schreibt man das? / Wie bitte?
Wer: Wer ist das? / Wer sind Sie?
Was: Was machst du? / Was sind Sie von Beruf? / Was bist du von Beruf?
Woher: Woher kommst du? / Woher kommen Sie?
Wo: Wo wohnst du? / Wo wohnt ihr?

LEKTION 2 Alte Heimat, neue Heimat

1

obere Reihe: Europa – Nordamerika
untere Reihe: Südamerika – Asien – Australien

2b

2. Österreich liegt in Europa.
3. Kanada liegt in Nordamerika.
4. China liegt in Asien.
5. Kamerun liegt in Afrika.

3

2. D – **3.** A – **4.** E – **5.** C

4

1. Sie – Sie **2.** Sie – Sie – sie
3. Er – er – Er **4.** Sie – Sie

5

kommen: ich komme – du kommst – er/sie kommt – wir kommen – ihr kommt – sie kommen – Sie kommen
sprechen: ich spreche – du sprichst – er/sie spricht – wir sprechen – ihr sprecht – sie sprechen – Sie sprechen
heißen: ich heiße – du heißt – er/sie heißt – wir heißen – ihr heißt – sie heißen – Sie heißen
arbeiten: ich arbeite – du arbeitest – er/sie arbeitet – wir arbeiten – ihr arbeitet – sie arbeiten – Sie arbeiten
finden: ich finde – du findest – er/sie findet – wir finden – ihr findet – sie finden – sie finden
sein: ich bin – du bist – er/sie ist – wir sind – ihr seid – sie sind –Sie sind

6

1. wohnen – finden
2. ist – wohnt – lernt
3. heißt – ist – spricht

8

2. die/eine Tafel
3. der/ein Kugelschreiber
4. der/ein Radiergummi
5. das/ein Lineal
6. das/ein Buch
7. die/eine Tasche
8. das/ein Heft

9a

1. der Stuhl – **2.** der Kugelschreiber – **3.** das Wörterbuch – **4.** die Lampe – **5.** die Tasche – **6.** die Brille

9b

2. Das ist ein Kugelschreiber. Der Kugelschreiber kostet 3 Euro.
3. Das ist ein Buch. Das Buch kostet 12 Euro.
4. Das ist eine Lampe. Die Lampe kostet 9 Euro.
5. Das ist eine Tasche. Die Tasche kostet 18 Euro.
6. Das ist eine Brille. Die Brille kostet 20 Euro.

10

-e: das Heft, die Hefte
-n: die Sprache, die Sprachen
-en: die Uhr, die Uhren
-er: das Kind, die Kinder
-s: das Foto, die Fotos
Umlaut + er: das Buch, die Bücher
Umlaut + e: der Satz, die Sätze

11a

obere Reihe: 3 – 1 – 5
untere Reihe: 4 – 2 – 6

11b

1. das Bild, die Bilder
2. der Stift, die Stifte
3. das Handy, die Handys
4. das Telefon, die Telefone
5. die EC-Karte, die EC-Karten
6. der Computer, die Computer

12
Da sind drei Kugelschreiber, sechs Hefte, drei Bücher, zwei Taschen, fünf Bilder und zwei Uhren.

13
1. A – **2.** B – **3.** B – **4.** A

14
1. siebzehn – **2.** sechzehn – **3.** einhundertzehn – **4.** sechsundneunzig

15a
5 – fünf
58 – achtundfünfzig
22 – zweiundzwanzig
76 – sechsundsiebzig
15 – fünfzehn
30 – dreißig
12 – zwölf
83 – dreiundachtzig

16
1. Essen: 0201 – **2.** Wien: 01 – **3.** Mainz: 06131 – **4.** Dresden: 0351

17
Polizei: 110 – Feuerwehr: 112

18
Stuhl: 199 € – Schreibtisch: 245 € – Lampe: 187 € – Uhr: 35 € – Bild: 2.635 €

19
1. B – **2.** A – **3.** C – **4.** B – **5.** C – **6.** C

20
2. E – **3.** B – **4.** A – **5.** C
Das ist Klaus Umstadt. Er ist Programmierer von Beruf. Er wohnt in Frankfurt, Vereinsstraße 12. Die Telefonnummer ist 069/44 17 70. Er ist 43 Jahre alt.

21
Das ist Veronika Martin. Sie ist Köchin von Beruf. Sie wohnt in Recklinghausen, Siegerlandstraße 17. Die Telefonnummer ist 02361/904 01 37.

24
1. Die Telefonnummer von Herrn Rehm ist 040/22 61 45 36. Die Adresse ist Kerstenweg 2 in 22089 Hamburg.
2. Die Adresse von Süleymann Yetim ist Schatzweg 11 in 70597 Stuttgart. Die Telefonnummer ist 0711 65 45 25.
3. Die Praxis von der Augenärztin ist in der Niederwaldstr. 3 in 09123 Chemnitz. Die Telefonnummer ist 0371 41 88 75.

25a
2. Fenster – **3.** Formular – **4.** Kleid – **5.** Mann – **6.** Pass – **7.** Schule – **8.** Tür

25b
2. der Mann, die Männer
3. das Fenster, die Fenster

25c
1. das Café, die Cafés – **2.** das Kind, die Kinder – **3.** die Schule, die Schulen – **4.** das Formular, die Formulare – **5.** der Pass, die Pässe

26

27
der/ein Beruf – das/ein Land – die/eine Sprache – die/eine Adresse – der/ein Kurs – das/ein Jahr – das/ein Kind

28
1. Kugelschreiber – **2.** Radiergummi – **3.** Nationalität – **4.** Telefonnummer

LEKTION 3 **Meine Wohnung**

1a
der: Schrank – Kühlschrank – Herd
das: Regal – Sofa – Bild
die: Lampe – Kommode – Spüle

1b
1. Schränke – **2.** Lampen – **3.** Sofas – **4.** Regale – **5.** Bilder

2
1. Er – **2.** Sie – **3.** Es – **4.** Sie

3
der – er; das – es; die – sie; die (Pl.) – sie

4
1. ein – kein – ein
2. ein – kein – ein
3. eine – keine – ein

5
Da ist kein Tisch und kein Computer. Da ist keine Lampe und kein Telefon. Da sind kein Papier und keine Stifte.

6
1. Nein, das ist kein Schrank. Das ist ein Kühlschrank.
2. Nein, das ist keine Lampe. Das ist ein Sessel.
3. Nein, das ist kein Bild. Das ist ein Foto.
4. Nein, das ist kein Herd. Das ist eine Spüle.
5. Nein, das sind keine Stühle. Das sind Sessel.

7
2. Ist Polen ein Kontinent? – Nein, Polen ist kein Kontinent, Polen ist ein Land.
3. Ist Berlin ein Land? – Nein, Berlin ist kein Land, Berlin ist eine Stadt.
4. Ist Y eine Zahl? – Nein, Y ist keine Zahl, Y ist ein Buchstabe.

8a
1. Sie hat ein Sofa. Sie braucht kein Sofa.
2. Sie hat keinen Tisch. Sie braucht einen Tisch.
3. Sie hat keine Stühle. Sie braucht Stühle.
4. Braucht sie eine Lampe? – Nein, sie hat eine Lampe.

8b
einen/keinen Tisch – ein/kein Sofa – eine/keine Lampe – -/keine Stühle

9a
Spülmaschine – Fernseher – Sessel – Kommode

9b
Familie Schmidt hat kein Regal, keine Blumen, kein Sofa, keine Stühle und keinen Herd.
Sie braucht ein Regal, Blumen, ein Sofa, Stühle und einen Herd.

10
ich habe – du hast – er/es/sie hat – wir haben – ihr habt – sie/Sie haben

11
1. Hat – hat – **2.** Hast – habe – **3.** hat – haben

12 *Beispiele:*
2. Ich brauche einen Kühlschrank.
3. Du kaufst ein Sofa.
4. Luciano hat keine Kommode.
5. Luciano kauft Blumen.

13
ein Heft – -Hefte – -Kugelschreiber – -Kugelschreiber – einen Kugelschreiber – einen Radiergummi

15
1. rot – **2.** gelb – **3.** blau – **4.** grün – **5.** weiß – **6.** schwarz – **7.** braun – **8.** rosa – **9.** lila – **10.** grau

16
super – toll – schön
okay – ganz schön – nicht schlecht
nicht schön – langweilig – hässlich – furchtbar

17
1. das – das
2. das – das – die
3. die – das
4. den – den
5. den – das
6. den – den

18
den – das – die – die

19
1. den
2. Der – das
3. Der – das
4. Der – -
5. Die – den
6. Die – die

20a
1 der Tisch – 2 die Sessel – 3 das Sofa – 4 das Bild – 5 die Regale – 6 die Kommode

20c *Beispiele:*
2. Das Sofa ist langweilig.
3. Die Regale sind okay.
4. Die Kommode ist hässlich.

21

Dachgeschoss	links
im ersten Stock	im Erdgeschoss
rechts	

22a
1. E – **2.** D – **3.** A – **4.** B – **5.** C

22b
1. Reinfeldt.
2. Park.
3. Palisch.
4. Im Dachgeschoss.
5. Im ersten Stock links.

23a
Foto 3

23b
1. Richtig – **2.** Falsch – **3.** Richtig

24
1. Wie groß ist Ihre Wohnung?
2. Wie ist Ihre Adresse?
3. Wohnen Sie im Erdgeschoss?
4. Haben Sie einen Balkon?

25
4-Zimmerwohnung – Miete – Nebenkosten – Einfamilienhaus

26
EFH = Einfamilienhaus – 120 qm = 120 Quadratmeter – Zi. = Zimmer – ZH = Zentralheizung – EBK = Einbauküche – NK = Nebenkosten

28
1. A – **2.** B

29a
Sie kaufen ein Bett. / Sie brauchen ein Bett.

29b
Jan

29c
1. Richtig – **2.** Richtig – **3.** Falsch – **4.** Falsch

30 *Beispiel:*
Küche: Herd, Waschmaschine, Kühlschrank, Stuhl
Schlafzimmer: Schrank, Teppich, Bild, Bett
Wohnzimmer: Sofa, Sessel, Regal, Fernseher

31
klein – groß
schön – hässlich
toll – schlecht
ruhig – laut
warm – kalt
hell – dunkel
billig – teuer

LEKTION 4 Meine Familie

1

1. Mutter – Brüder – Großmutter – Großvater
2. Schwester – Bruder – Eltern – Großeltern

2

1. Großvater
2. Mutter – Eltern
3. Bruder – Geschwister
4. Onkel
5. Cousine

3

Ich habe drei Schwestern und zwei Brüder. Ich habe zwei Cousins und drei Cousinen. Ich habe auch vier Tanten und drei Onkel.

4a

Foto 1: Dialog 2 – Foto 2: Dialog 1

4b

1. Bruder Peter – Nichte Hanna – Nichte Charlotte – Neffe Florian
2. Onkel Martin – Tante Bianca – Cousine Caroline – Cousin Marc

5

mein Vater – dein Vater – sein Vater –
ihr Vater – Ihr Vater
mein Kind – dein Kind – sein Kind –
ihr Kind – Ihr Kind
meine Mutter – deine Mutter –
seine Mutter – ihre Mutter – Ihre Mutter
meine Großeltern – deine Großeltern – seine Großeltern – ihre Großeltern – Ihre Großeltern

6

2. sie – **3.** er/es – **4.** du

7

1. Ihr – mein – mein
2. Ihre – Meine

8

1. Seine – sein – sein – Sein
2. Ihr – ihr – ihr – Ihre

9

1. Wo wohnen Ihre Eltern? –
   Wo wohnen deine Eltern?
2. Was ist Ihr Vater von Beruf? –
   Was ist dein Vater von Beruf?
3. Wie heißen Ihre Geschwister? –
   Wie heißen deine Geschwister?

11

1. eine Radtour machen – **2.** die Stadt besichtigen – **3.** ein Straßenfest besuchen – **4.** Lebensmittel kaufen

12

1. Er ist Lehrer von Beruf.
2. Albert fliegt nach Berlin.
3. Er besichtigt den Reichstag.
4. Er kauft ein Berlin-Buch.

13

1. Zuerst kauft er Lebensmittel.
2. Dann besucht er einen Freund.
3. Danach schreibt er einen Brief.
4. Dann lernt er Italienisch.

14

1. Zuerst lerne ich, dann koche ich Mittagessen.
2. Zuerst arbeite ich, danach/dann besuche ich ein Straßenfest.
3. Zuerst suche ich die Brille, dann/danach suche ich das Buch.

15a

In Bremen gibt es den Roland, das Schnoorviertel, die Böttcherstraße, die Bremer Stadtmusikanten.

15b

der Roland – das Schnoorviertel

15c

1. Richtig – **2.** Falsch – **3.** Richtig

16

1. keine – **2.** kein – **3.** keine – **4.** keinen

17a

1. D – **2.** B – **3.** A – **4.** C

17b
- Hallo, Jan! Wann kommst du?
- Am Samstag. Was machen wir?
- Zuerst besuchen wir einen Freund und dann besichtigen wir die Stadt.
- Besuchen wir auch ein Straßenfest?
- Nein, am Samstag gibt es kein Straßenfest.

19
2. sprechen – **3.** sehen – **4.** lesen –
5. fahren – **6.** treffen – **7.** spielen – **8.** sein
Lösungswort: schlafen

20
1. schläft – **2.** Nehmen – nehme –
3. Triffst – **4.** Liest – sehe – **5.** Fährst – treffe

21
ich nehme – du nimmst – er/es/sie nimmt –
wir nehmen – ihr nehmt – sie/Sie nehmen
ich esse – du isst – er/es/sie isst – wir essen –
ihr esst – sie/Sie essen
ich lese – du liest – er/es/sie liest –
wir lesen – ihr lest – sie/Sie lesen
ich fahre – du fährst – er/es/sie fährt –
wir fahren – ihr fahrt – sie/Sie fahren
ich schlafe – du schläfst – er/es/sie schläft –
wir schlafen – ihr schlaft – sie/Sie schlafen

22
1. Herr Müller fährt nach Österreich.
2. Er liest ein Buch im Zug.
3. Er trifft einen Freund.
4. Der Freund spricht Englisch.

23 *Beispiel:*
Sie isst Schokolade. Mein Vater liest ein Buch. Mein Opa schläft. Meine Mutter und meine Oma sehen einen Film. Meine Tante schreibt einen Brief.

24
1. Früher war ich ein Kind. – Früher hatte ich kein Kind.
2. Jetzt bin ich Mutter. – Jetzt habe ich ein Kind.

25
ich war – du warst – er/es/sie war –
wir waren – ihr wart – sie/Sie waren
ich hatte – du hattest – er/es/sie hatte –
wir hatten – ihr hattet – sie/Sie hatten

26
1. Warst – war
2. Wart – waren
3. War – war
4. Waren – war

27
1. waren – sind
2. hatten – haben
3. hatte – habe
4. war – ist

30
1. Dörte ist in Hamburg.
2. Sie und Martin besichtigen die Stadt.
3. Zuerst geht sie auf den Fischmarkt und dann besichtigt sie den Michel.

31 *Beispiel:*
Liebe Dörte,
vielen Dank für deine Karte. Ich war schon in Hamburg. Ich finde die Stadt schön. Am Wochenende besuche ich eine/n Freund/in in Berlin.
Am Samstag besichtigen wir den Potsdamer Platz und gehen ins Kino.
Ich komme im Sommer nach Köln. Jetzt habe ich viel Arbeit und keine Zeit.
Bis bald und viele Grüße
Anne

32
mein Vater – meine Mutter
meine Schwester – mein Bruder
mein Sohn – meine Tochter
meine Großmutter – mein Großvater

34
2. Ich koche das Mittagessen.
3. Ich fahre nach Hamburg.
4. Ich besuche ein Straßenfest.
5. Ich treffe meine Freunde.

STATION 1

1a

1. A: Guten Tag! – Auf Wiedersehen!
B: Hallo! – Tschüss!

2. *Beispiele:*

- Ich heiße Jana Wright. / Mein Name ist Jana Wright. / Ich bin Jana Wright.
- Ich komme aus Großbritannien.
- Ich bin Lehrerin/Sekretärin /...
- Ich wohne in Köln, in der Goethestraße 12.

3. 13 – 40 – 106
Beispiel: Meine Telefonnummer ist 43 73 90 81.

4. geht – Ihnen – gut – Ihnen

5. sprechen – spreche Englisch – Deutsch

6. Stock – 3-Zimmerwohnung – Wohnung – groß – Möbel

7. Wie – schön / toll /... – hässlich / ...

8. *Beispiele:*

- Ja, ich habe eine Schwester und einen Bruder.
- Nein, ich habe keine Kinder.

LEKTION 5 Mein Tag, meine Woche

1

2. Sie schwimmt. – **3.** Sie kochen. – **4.** Er hört Musik – **5.** Er surft im Internet. – **6.** Sie spielen Fußball. – **7.** Sie tanzen. – **8.** Sie liest. – **9.** Er joggt.

2a

1. Falsch – **2.** Richtig – **3.** Richtig – **4.** Falsch

2b

Peter: Fußball spielen – Herr Martin: Bücher lesen – Barbara Hansen: tanzen – Birgit: Musik hören, kochen, im Internet surfen

Peter: joggen – Herr Martin: im Internet surfen – Barbara Hansen: - – Birgit: spazieren

3

Matthias liest nicht gern. Er kocht nicht gern und er kauft nicht gern ein. Er geht nicht gern tanzen.

4

2. 2:05 / 14:05 – **3.** 6:50 / 18:50
4. 8:15 / 20:15 – **5.** 0:40 / 12:40
6. 9:45 / 21:45 – **7.** 12:00 / 24:00
8. 3:10 / 15:10

5

links:
zehn vor – Viertel vor – zwanzig vor – halb
rechts:
zehn nach – Viertel nach – zwanzig nach

6a

1. A – **2.** B – **3.** A

6b

2. Um halb vier. – **3.** Um Viertel nach elf.
4. Um halb eins.

7

1. A – **2.** E – **3.** B – **4.** C – **5.** F – **6.** D

8

1. B – **2.** D – **3.** A – **4.** C

9

1. von ... bis – **2.** um – **3.** Bis

10

1. Um zwei Uhr gehe ich spazieren.
2. Von drei bis vier mache ich Hausaufgaben.
3. Dann höre ich Musik.
4. Um sechs Uhr koche ich.
5. Um halb sieben esse ich.

11 *Beispiel:*

Um fünf vor halb acht beginnt Fußball. Um Viertel vor elf beginnt ein Krimi.

12a

4 – 5 – 1 – 2 – 3

12b
1. einkaufen – **2.** fernsehen – **3.** ausgehen – **4.** aufstehen – **5.** aufräumen

13
2. räumt ... auf, kauft ... ein – **3.** kommt ... mit – **4.** holen ... ab

14
2. Justin ruft an. – Justin ruft Martin an. – Justin ruft Martin oft an.
3. Justin geht aus. – Justin geht am Samstag aus. – Justin geht am Samstag gern aus.

15
1. an – ab
2. ein – mit
3. an – fern

16
Montag – Dienstag – Mittwoch – Donnerstag – Freitag – Samstag – Sonntag

17
1. Donnerstag – **2.** Dienstag – **3.** Montag, Mittwoch und Freitag – **4.** Dienstag – **5.** Samstag, Sonntag

18
Am – am – am – um – um – bis – am – um

19
am Abend – am Morgen – am Nachmittag – in der Nacht

20
Am Nachmittag geht er schwimmen.
Am Abend trifft er Susanne.
Am Dienstagmorgen kauft er ein.
Am Nachmittag kommt Nadine.
Am Mittwochvormittag lernt er Deutsch.
Am Nachmittag spielt er Fußball.
Am Abend besucht er Sebastian.

22
 2, 3
 1, 4

23
- Heute habe ich keine Zeit, ich habe meinen Deutschkurs.
- Ja, morgen geht es um 17 Uhr.
- O. k., um 19 Uhr?

24
- Gehen wir ins Kino?
- Wann hast du Zeit?
- Geht es am Samstagabend um 20 Uhr?
- Nein, das geht nicht. Meine Eltern kommen.
- Wann hast du Zeit?
- Am Sonntag um 19 Uhr.
- Gut. Dann bis Sonntag.

26
Hallo, leider kann ich am Mittwoch nicht. Geht es auch am Freitag? Hast du Zeit? Grüße, Alex

27a
B

27b
1. Falsch – **2.** Richtig – **3.** Richtig – **4.** Richtig

29
Mittwoch: 20.00 Uhr: Pietro Massa: Klavier (Philharmonie Kammermusiksaal)
Freitag: 15.30 Uhr: Hertha BSC – 1. FC Köln (Olympiastadion)
Samstag: 16.00 Uhr: Der Navigator (Museum für Film und Fernsehen) + 18–23 Uhr Hong Fu (China Restaurant)
Sonntag: 14.30 und 18.00 Uhr: Circus unter Wasser (Clayallee in Zehlendorf)

30a
Hertha BSC–1. FC Köln – Philharmonie Kammermusiksaal – Museum für Film und Fernsehen – China Restaurant Hong Fu

30b
1. Richtig – **2.** Richtig – **3.** Richtig – **4.** Falsch – **5.** Falsch

31
Rad fahren – schwimmen – joggen – im Internet surfen – ins Kino gehen – fernsehen – Musik hören – Fußball spielen – lesen – Freunde treffen

32 *Beispiel:*
fernsehen: Ich sehe gern fern.
einkaufen: Am Samstagmorgen kaufe ich ein.
ausgehen: Wir gehen am Samstagabend aus.

LEKTION 6 Guten Appetit!

1
Getränke: der Kaffee – der Wein – der Tee
Fleisch und Fisch: das Hähnchen – der Fisch
Obst und Gemüse: die Banane – der Salat – der Apfel
Milchprodukte: die Milch – die Butter – der Käse

3a
täglich – oft – manchmal – selten – nie

3b *Beispiel:*
2. Ich trinke oft Kaffee.
3. Ich esse selten Reis.
4. Ich spiele nie Fußball.
5. Ich räume manchmal auf.
6. Ich lese oft Bücher.

4
1. Hol bitte Brot! – Fahrt bitte langsam! – Nehmen Sie doch einen Salat!
2. Schlaf gut! – Fragt doch den Lehrer! – Lesen Sie den Text!
3. Sprich bitte langsam! – Kommt am Abend! – Antworten Sie, bitte!

5
1. E – **2.** D – **3.** F – **4.** B – **5.** C – **6.** A

6
2. Lesen Sie ein Buch!
3. Fahren Sie nach Berlin!
4. Besuchen Sie das Straßenfest!

7 *Beispiel:*
kommen: Komm! – Kommt! – Kommen Sie! – Kommt nach Hause!
sprechen: Sprich! – Sprecht! – Sprechen Sie! – Sprich laut!
schreiben: Schreib! – Schreibt! – Schreiben Sie! – Schreiben Sie einen Text!
trinken: Trink! – Trinkt! – Trinken Sie! – Trink einen Tee!
gehen: Geh! – Geht! – Gehen Sie! – Geht nach Hause!
lesen: Ließ! – Lest! – Lesen Sie! – Lesen Sie das Buch!
spielen: Spiel! – Spielt! – Spielen Sie! – Spielt Fußball!

8
Herr Huber kauft Spaghetti, Marmelade, Schokolade, Äpfel, Bananen, Zwiebeln, Joghurt, Wein, Chips, Brot, Butter, Mais und Hähnchen.

9
ein Becher: Joghurt
eine Dose: Mais – Thunfisch
eine Flasche: Wasser – Wein
ein Netz: Zwiebeln – Tomaten
ein Stück: Butter – Käse
eine Packung: Spaghetti

10
ein Stück Käse – eine Packung Spaghetti – drei Becher Joghurt – eine Flasche Wasser

11a
1. auf dem Markt
2. in der Bäckerei
3. im Supermarkt
4. im Getränkemarkt

11b
2. Er kauft Obst und Gemüse auf dem Markt/im Supermarkt.
3. Er kauft Brot in der Bäckerei.
4. Er kauft Nudeln und Schokolade im Supermarkt.
5. Er kauft Wurst im Supermarkt/auf dem Markt.

12 *Verkäufer/Verkäuferin:*
Das macht zusammen 25,35 €. – Haben Sie noch einen Wunsch? – Was darf es sein? – Das Kilo kostet nur 1,49 €.
Kunde/Kundin:
Ich nehme ein Pfund Tomaten. – Ich hätte gern vier Brötchen. – Wie viel kostet ein Kilo Äpfel? – Ich möchte noch ein Stück Käse.

13
1. Was möchten Sie?
2. Wie viel kosten die Äpfel?
3. Haben Sie noch einen Wunsch?

14
1. möchte
2. möchten – möchte – möchte
3. Möchtet – möchten

15
Naturjoghurt: 0,49 € – Fleischwurst: 1,19 € – Schokolade: 0,59 € – Kuchen: 2, 40 €

16
1. ◖Guten Tag, was darf es sein?
   ◖Ein Bauernbrot, bitte.
   ◖Haben Sie noch einen Wunsch?
   ◖Ja. Noch fünf Brötchen, bitte.
   ◖ Ein Bauernbrot, fünf Brötchen. Ist das alles?
   ◖Ja, das ist alles.
2. ◖Ja, bitte?
   ◖Haben Sie Erdbeeren?
   ◖ Natürlich, 500 g kosten nur 2,99€.
   ◖Dann geben Sie mir bitte 500g.

17
1. A – 2. C – 3. A – 4. B

18
◖ Ich möchte ein Pfund Tomaten, bitte.
◖ Ja, ein Kilo Äpfel.
◖ Nein, danke. Das ist alles.

20a
1. mag
2. mögen – mag
3. Mögt – mögen

20b
ich mag – du magst – er/es/sie mag – wir mögen – ihr mögt – sie/Sie mögen

21
2. Sabine mag Cola.
3. Corinna und Natascha mögen Chips.
4. Sebastian mag Pommes.

22
1. A – 2. B – 3. B – 4. A

23
1. Nein, ich mag keinen Tee.
2. Nein, ich sehe nicht gern fern.
3. Nein, ich esse nicht gern Chips.
4. Nein, ich mag kein Bier.

24a
oben: R – P – M – P
unten: R – R – M – R

24b
1. Herr Matuschek isst zum Frühstück Brot mit Marmelade. Er trinkt immer Kaffee.
2. Frau Pohl isst zum Mittag eine Suppe und einen Salat.
3. Robert isst zum Abendbrot zwei Brote mit Wurst und manchmal Tomaten. Er trinkt Tee oder Apfelsaft.

27a
7 – 2 – 4 – 1 – 6 – 3 – 5

27b
obere Reihe: 1 – 2 – 6
untere Reihe: 3 – 5 – 4

27c

B Erhitzen Sie die Butter in der Bratpfanne!
C Geben Sie etwas Teig in die Pfanne und braten Sie ihn 2 bis 3 Minuten!
D Wenden Sie den Pfannkuchen und braten Sie ihn noch einmal 1 bis 2 Minuten!
E Mischen Sie Zimt und Zucker!
F Servieren Sie den Pfannkuchen mit Zimt und Zucker!

28

1. Vormittag – **2.** Tomate – **3.** Gurke – **4.** Wasser – **5.** kalt

29 *Beispiel:*

Verkäufer/in:
Ja, bitte – Darf es noch etwas sein? – Hier, bitte. – Das kostet ... Euro.

Kunde/Kundin:
Ich hätte gern ein Brot. – 200 g Käse bitte. – Wie viel kosten die Äpfel? – Ich möchte eine Flasche Wasser, bitte. – Ja, noch zwei Brötchen, bitte. – Geben Sie mir bitte 250g. – Ja, das ist alles.

LEKTION 7 Meine Arbeit

1 *Beispiel:*

KELLNER – BAUARBEITER – LEHRERIN – FRISEURIN – ÄRZTIN

2

1. Kellnerin – **2.** Koch – **3.** Taxifahrer – **4.** Bankkauffrau – **5.** Reinigungskraft – **6.** Hausmeister

3a

verkauft / bedient – öffnet / verkauft – hat / schließt – schließt / bestellt – bedient / macht

3b

Um acht Uhr öffnet Herr Phan den Laden. Er bedient den ganzen Tag die Kunden. Er verkauft Spezialitäten aus Asien. Um 19 Uhr schließt er den Laden. Danach bestellt er die Waren. Herr Phan macht mittags nur 20 Minuten Pause.

4

1. bestellen – **2.** sagen – **3.** schließen – **4.** verkaufen

5

1. muss – **2.** müssen – **3.** muss – **4.** muss – **5.** muss

6

1. Können – kann
2. Kannst – können
3. kann – kann
4. Können
5. kann

7

1. Ich will heute fernsehen.
2. Wir wollen Fußball spielen.
3. Mona will zu Hause Musik hören.
4. Wollt ihr ins Kino gehen?
5. Willst du einen Tanzkurs machen?

8

ich kann – du kannst – er/es/sie kann – wir können – ihr könnt – sie/Sie können
ich muss – du musst – er/es/sie muss – wir müssen – ihr müsst – sie/Sie müssen
ich will – du willst – er/es/sie will – wir wollen – ihr wollt – sie/Sie wollen

9

1. muss – reparieren
2. will – frühstücken
3. können – kochen
4. Kannst – sprechen

10

1. Willst – muss
2. wollen – muss
3. musst – will
4. Musst – will/muss

11

2. Er muss auch in der Nacht arbeiten, aber er kann am Vormittag lange schlafen.

3. Er muss viel Auto fahren, aber er kann Musik hören.
4. Sie muss viel telefonieren, aber sie kann bei der Arbeit Kaffee trinken.

12
1. Kann – musst – will
2. Willst – Kannst – Willst
3. Können – will – Können – muss

13
1. B – **2.** D – **3.** A – **4.** C

14a
Kellnerin – Lehrer – Briefträgerin

14b
1. Falsch – **2.** Richtig – **3.** Falsch

15
2. Sie will nicht mit den Händen arbeiten.
3. Ich will nicht alleine arbeiten.
4. Er muss nicht viel telefonieren.

17
1. Sie geht zur Arbeit.
2. Sie ist bei der Arbeit.
3. Sie geht zum Friseur.
4. Sie ist beim Friseur.
5. Sie kommt von der Arbeit.
6. Sie ist zu Hause.

18
1. zu – **2.** mit – **3.** aus – **4.** nach

19
mit dem / einem Mann
mit dem / einem Kind
mit der / einer Frau
mit den /- Menschen

20
1. der – einem – **2.** der – einer –
3. dem – dem – **4.** der – zum

21
2. Zur Schule. – **3.** Bei den Großeltern. –
4. Aus dem Fitnessstudio. – **5.** Zu einer Freundin. – **6.** Von einem Freund.

22
bei – mit – zum – vom – Nach – zu – aus

23a
in – nach – nach

23b
1. in – in
2. nach
3. nach – nach – in

24
1. Überweisungsformular – **2.** Kontonummer –
3. Bankleitzahl – **4.** Girokonto –
5. Kontoauszug – **6.** EC-Karte – Geldautomaten

25a
1. Falsch – **2.** Richtig – **3.** Richtig

25b
Bankleitzahl: 10090000
Kontonummer: 2573418
Betrag: 150 Euro

27a
1 – 5 – 4 – 2 – 3

27b
Daniel Bach ist Taxifahrer. Er wohnt und arbeitet in Duisburg. Er muss in der Nacht und am Wochenende arbeiten. Er fährt gern in der Nacht.

28a
Anzeige 1: Arzt/Ärztin
Anzeige 2: Programmierer/in
Anzeige 3: Taxifahrer
Anzeige 4: Koch/Köchin

28b
Anzeige 1:
Beruf: Arzt/Ärztin
Firma: Kinderarztpraxis Jurgeit

Adresse: Bismarckstraße 79, 37085 Göttingen
Telefon: 0551 45 13 760
Arbeitszeit: Montag, Mittwoch, Donnerstag 8.00–12.30 Uhr
Anzeige 2:
Beruf: Programmierer/in
Firma: ABC-Software
Adresse: E-Mail: j.kindler@abc-software.de
Telefon: -
Arbeitszeit: Vollzeit, flexible Arbeitszeiten
Anzeige 3:
Beruf: Taxifahrer (m/w)
Firma: Reisedienst Schweiger
Adresse: Linkenstraße 12, 79312 Emmendingen
Telefon: 07641 15 53 55
Arbeitszeit: in der Nacht und am Wochenende
Anzeige 4:
Beruf: Koch/Köchin
Firma: Pizzeria Romana
Adresse: Main-Taunus-Zentrum, Sulzbach/Taunus
Telefon: 069 / 317 435 91
Arbeitszeit: 5-Tage-Woche, 10–18 Uhr

29 *Beispiel:*
Arbeit: verkaufen – bestellen – am Computer arbeiten – Kunden bedienen – der Chef – im Team arbeiten – alleine arbeiten – Karriere machen – am Vormittag/Nachmittag arbeiten

30
1. das Geld: verdienen – überweisen – wechseln
2. das Formular: ausfüllen – unterschreiben
3. den Kontoauszug: holen
4. die Rechnung: bezahlen

STATION 2

1a
1. Hobby – spiele – surfe – machst – höre – finde
2. Es ist halb acht. – Es ist zehn nach sechs. – Es ist Viertel vor vier.
3. Am – am – am – um – Um – später – Um – bis
4. machst – fängt ... an – treffe – gehen
5. *Beispiele:*

Ich esse gern Fisch und Käse. / Ich mag Fisch und Käse. – Ich trinke gern Wein. / Ich mag Wein. – Ich esse nicht gern Wurst. Ich trinke nicht gern Bier. / Ich mag keine Wurst und kein Bier.

6. möchte/hätte gerne – kosten – nehme
7. *Beispiele:*

Programmierer – Siemens – interessant – neun – achtzehn

8. *Beispiele:*

Ich kann auch zu Hause arbeiten.
Ich kann nicht viel draußen sein.
Ich will viel verdienen.
Ich will nicht am Wochenende arbeiten.

9. Vom – beim – zur

Bild- und Quellenverzeichnis

Bildquellen:

Cover © Cornelsen Verlag, Miethe – **S. 4** oben: © Zefa/Corbis; unten: © Cornelsen Verlag, Hannes – **S. 5** © Cornelsen Verlag, Hannes – **S. 8** rechts: Wikimedia Commons, gemeinfrei, © Turner – **S. 9** 1. Reihe links: © Fotolia, Pfluegl (RF); 2. Reihe links: © Fotolia, hfng (RF); 1. Reihe rechts: © Corbis, image 100 (RF); 2. Reihe rechts: © Fotolia, van den Berg (RF); 3. Reihe links: © Pixelio, Sommaruga; 4. Reihe 2. von links: © Wikimedia Commens, CC Attr. sha 3.0, © Bier; 3. Reihe 2. von links: © Pixelio, Campomalo; 3. Reihe rechts: © Fotolia, Hohlfeld (RF); 4. Reihe rechts und links: © Fotolia, Scisetti (RF); 3. Reihe 2. von rechts: © Fotolia, Taffi (RF) – **S. 11** rechts: © Getty Images, Digital Vision (RF); links: © Fotolia, diego cervo (RF) – **S. 14** © Cornelsen Verlag, Binder – **S. 16** © Cornelsen Verlag, Hannes – **S. 17** oben links: © Fotolia, Andrushenko (RF); oben Mitte: © Digitalstock, Jürgens (RF); unten links: © Fotolia, Figueiredo (RF); unten Mitte: © Pixelio, Wave 11; unten rechts: © Fotolia, Fatman73 (RF) – **S. 19** Mitte: © Fotolia, Lockl (RF); oben rechts: © Pixelio, Rewolve44; oben links: Wikimedia Commons, GNU, © Baikonur; Mitte links: © Digitalstock, Kröger (RF); unten links: © Fotolia, Reimann (RF); unten 2. von links: © Fotolia, ZDM (RF); unten Mitte: © Fotolia, Trout (RF); unten 2. von rechts: © Fotolia, Pfluegl; unten rechts: © Fotolia, DeVIce (RF) – **S. 20** oben: © iStockphoto, the boone (RF), unten: © mauritius images / Brand X Pictures (RF) – **S. 24** oben links: © Fotolia, jayrb (RF); oben 2. von links: © Fotolia, Kosmal (RF); Mitte: © Fotolia, Fischer (RF); unten links: © Fotolia, ChinKS (RF); oben 3. von links: © Digitalstock, Jürgens (RF); oben rechts: © Fotolia, Romero (RF); oben 2. von rechts: © Fotolia, Reimann (RF); unten rechts und Mitte: © Fotolia, SyB (RF) – **S. 25** oben: © Fotolia, MingQi (RF); 2. von oben: © Fotolia, fotoflash (RF); Mitte: © Fotolia, DeVIce (RF); 2. von unten: © Fotolia, SyB (RF); unten: © Fotolia, Phototom (RF) – **S. 27** © Cornelsen Verlag, Hannes – **S. 29** oben: © Fotolia, Figge (RF); unten: © Fotolia, DeVIce (RF) – **S. 30** links: © Fotolia, Reiss (RF); Mitte: © Fotolia, Hohlfeld (RF), rechts: © Fotolia, www.1000tdw.com (RF) – **S. 31** © Cornelsen Verlag, Hannes – **S. 34** © Cornelsen Verlag, Hannes – **S. 35** rechts: © Fotolia, Dube (RF); links: © Fotolia, My 3 kids (RF) – **S. 37** links und 2. von rechts: Wikipedia, CC Attr. sha 2.0, © Howaldt; 2. von links: Wikipedia, gemeinfrei, © Pohl; rechts: Wikipedia, GNU, © Wuzur – **S. 41** unten: © Fotolia, Ja-Do (RF); oben: © Fotolia, Lorenz (RF); Mitte: Wikipedia, GNU, © Meinhart – **S. 46** oben links: © Fotolia, Barskaya (RF); oben Mitte: © Fotolia, Hellbach (RF); oben rechts: © Fotolia, Tilly (RF); Mitte links: © Fotolia, Ferris (RF); Mitte: © Fotolia, Moore (RF); Mitte rechts: © Fotolia, Friday (RF); unten links: © Fotolia, Hellbach (RF); unten Mitte: © Adpic, Trautmann (RF); unten rechts: © Fotolia, Dob's Farm (RF) – **S. 49** © Pixelio, knispeline – **S. 52** links: © Fotolia, Führing (RF); Mitte: © Fotolia, arkop (RF); rechts: © Fotolia, Steiner (RF) – **S. 58** von links nach rechts: © Fotolia, Schon (RF); © Fotolia, Perets (RF); © Fotolia, kmit (RF); © Fotolia, Victoria; © Fotolia, c (RF); © Fotolia, Luminis (RF); © Fotolia, Nyshko (RF); © Fotolia, egal (RF); © Fotolia, Smit (RF); © Fotolia, sumnersgraphicsinc (RF) – **S. 59** links: © Fotolia, ExQuisine (RF); 2. von links: © Fotolia, Reitz-Hofmann (RF); 2. von rechts: © Fotolia, Teamarbeit (RF); rechts: © Fotolia, Bobrowska (RF) – **S. 60** Digitalstock, Haab (RF) – **S. 61** links: © ComStock (RF); 2. von links: © Adpic, Ramakers (RF); 2. von rechts: © Fotolia, Pfluegl (RF); rechts: © Adpic, Brümmer (RF) – **S. 62** oben links: © Fotolia, SDVIG (RF); 2. von oben links: © Fotolia, 20/21 (RF); 2. von oben rechts: © Fotolia, Bergfeldt (RF); oben rechts: © Fotolia, Svenja98 (RF); unten links: © Fotolia, Forest (RF); 2. von unten links: © Fotolia, Koch (RF); 2. von unten rechts: © Fotolia, sp550uz (RF); unten rechts: © Fotolia, Beck (RF) – **S. 66** oben links: © Pixelio, Schoenemann; oben Mitte: © Fotolia, AVAVA (RF); oben rechts: © iStockphoto, Shironosov (RF); Mitte links: © Adpic, Figge (RF); Mitte: © Fotolia, pressmaster (RF); Mitte rechts: © Fotolia, forca (RF); unten links: © Adpic, Brenner (RF); unten Mitte: © Fotolia, Szasz-Fabian (RF); unten rechts: © Fotolia, fotofrank (RF) – **S. 67** A: © Fotolia, Tiller (RF); B: © Corbis, image 100 (RF); C: © Fotolia, Pfluegl; D: © Fotolia, Dron (RF); E: © Fotolia, Rodriguez (RF) – **S. 76** links: © Adpic, Trautmann (RF); rechts: © Fotolia, rolphoto (RF) – **S. 77** oben links: © Fotolia, Kurilin (RF); oben rechts: © Fotolia, Victoria (RF); 2. von oben links: © Pixelio, Oberguggenberger; 2. von oben rechts: © Fotolia, Teamarbeit (RF); 3. von oben links: © Fotolia, Luminis (RF); 3. von oben Mitte: © Fotolia, Perets (RF); 3. von oben rechts: © Fotolia, Heinemann (RF); unten: © Adpic, Wodicka (RF)

S. 8 links: © ullstein bild, iT; 2. von links: © ullstein bild, TopFoto; 2. von rechts: © ullstein bild, Viollet – **S. 15** oben: © ullstein bild, C.T. Fotostudio; 2. von unten: © ullstein bild, contrast/Pollack; unten: © ullstein bild, Reuters; 2. von oben: © picture-alliance / dpa, epa-Bildfunk, Reynolds

Textquellen:

S. 21 rechts: Langenscheidt Großwörterbuch Deutsch als Fremdsprache, © 2008 Langenscheidt KG, Berlin und München; links: © 2008 PONS Großwörterbuch Englisch; Mitte: © 2008 PONS Großwörterbuch Französisch

CD Inhalt

Auf dieser CD für die Lernenden finden Sie alle Hörtexte und Phonetikübungen zum Arbeitsbuch.